OS PARADOXOS DA REVOLUÇÃO RUSSA

Ascensão e
queda do
socialismo
soviético
(1917-1991)

Paulo Fagundes Visentini

OS PARADOXOS DA REVOLUÇÃO RUSSA

Novas teses sobre o
stalinismo, as guerras
e a queda da URSS

ALTA BOOKS
EDITORA
Rio de Janeiro, 2017

Os Paradoxos da Revolução Russa — Ascensão e queda do socialismo soviético (1917-1991)
 ISBN: 978-85-508-0059-2

Impresso no Brasil — 1ª Edição, 2017 - Edição revisada conforme o Acordo Ortográfico da Língua Portuguesa de 2009.

Obra disponível para venda corporativa e/ou personalizada. Para mais informações, fale com projetos@altabooks.com.br

Produção Editorial
Editora Alta Books

Produtor Editorial
Claudia Braga

Produtor Editorial (Design)
Aurélio Corrêa

Gerência Editorial
Anderson Vieira

Supervisão de Qualidade Editorial
Sergio de Souza

Marketing Editorial
Silas Amaro
marketing@altabooks.com.br

Gerência de Captação e Contratação de Obras
autoria@altabooks.com.br

Vendas Atacado e Varejo
Daniele Fonseca
Viviane Paiva
comercial@altabooks.com.br

Ouvidoria
ouvidoria@altabooks.com.br

Equipe Editorial
Bianca Teodoro
Christian Danniel
Illysabelle Trajano
Juliana de Oliveira
Renan Castro
Thiê Alves

Revisão Gramatical
Flávia Midori

Layout e Diagramação
Luana Silva

Capa
Aurélio Corrêa

Erratas e arquivos de apoio: No site da editora relatamos, com a devida correção, qualquer erro encontrado em nossos livros, bem como disponibilizamos arquivos de apoio se aplicáveis à obra em questão.

Acesse o site www.altabooks.com.br e procure pelo título do livro desejado para ter acesso às erratas, aos arquivos de apoio e/ou a outros conteúdos aplicáveis à obra.

Suporte Técnico: A obra é comercializada na forma em que está, sem direito a suporte técnico ou orientação pessoal/exclusiva ao leitor.

Dados Internacionais de Catalogação na Publicação (CIP)
Vagner Rodolfo CRB-8/9410

V829p Visentini, Paulo Fagundes, 1955-

Os paradoxos da revolução russa: ascensão e queda do socialismo soviético (1917-1991) / Paulo Fagundes Visentini. - Rio de Janeiro : Alta Books, 2017.
176 p. ; 17cm x 24cm.

Inclui bibliografia.
ISBN: 978-85-508-0059-2

1. História. 2. Revolução Russa. I. Título.

CDD 947.0841
CDU 94(47+57)

ALTA BOOKS
E D I T O R A

Rua Viúva Cláudio, 291 — Bairro Industrial do Jacaré
CEP: 20970-031 — Rio de Janeiro - RJ
Tels.: (21) 3278-8069 / 3278-8419
www.altabooks.com.br — altabooks@altabooks.com.br
www.facebook.com/altabooks

Para
Hans Baumann
In memorian

Agradeço ao **CNPq**,
pela bolsa de pesquisa,
e ao Edital Álvaro Alberto,
bem como à **CAPES** e aos
Editais Pró-Estratégia
e Pró-Defesa.

A União Soviética não existe mais. Como alguns gostam de colocar: "É história", ou seja, "Esqueçam tudo isso". [...] (Mas) a era soviética ainda é história recente. [...] Assim, a URSS (mesmo) como "passado" é necessária no presente pelo simples motivo de que é impossível descartar a história. E a URSS continua sendo um sistema insatisfatoriamente compreendido.

Moshe Lewin, O *século soviético*.

SUMÁRIO

INTRODUÇÃO

A paradoxal Revolução do século XX

A Revolução Russa de 1917 foi a mais impactante da história por seu alcance mundial e por sua duração (74 anos), pois foi o elemento catalisador de todo o século XX. Da revolução resultou o primeiro Estado socialista - a União das Repúblicas Socialistas Soviéticas (URSS) -, transformando uma gigantesca nação atrasada numa superpotência e influenciando profundamente a política global. A ela se agregaram outros países socialistas que formaram o bloco soviético e, depois, o campo socialista, viabilizando um conjunto de Estados que se proclamavam marxistas e apoiavam-se em seu modelo. Durante seu apogeu (1983), a URSS e os países-satélites chegaram a abarcar um terço da população, além de aproximadamente um quarto da superfície e da produção mundiais.

Durante décadas a União Soviética serviu de referência, idolatrada por seus admiradores e execrada por seus opositores, pois suas imensas realizações sociais e econômicas contrastavam com as mazelas de seu sistema político, criticado pelo autoritarismo e pela violência. Sem dúvida, a Revolução Russa e o regime soviético foram marcados por paradoxos ainda não suficientemente analisados com isenção e objetividade mesmo um século depois. Muitas obras marcam seu centenário, a maioria interessada apenas em "julgá-la", sem muita informação factual. O desmoronamento da URSS e do bloco socialista

(1989-1991) deu lugar a um discurso historiográfico que desqualifica as conquistas sociais da revolução, que costumam ser apresentadas apenas como repressivas e ineficientes.

Se a Revolução Russa representa um acontecimento extremamente polêmico, a história da União Soviética segue desconhecida não apenas pelos leigos, mas também por muitos estudiosos da história do século XX. Até pouco tempo não havia informações suficientes e confiáveis, situação que agora começa a mudar. Nesse contexto, este livro busca descrever e analisar a história da Revolução Soviética de 1917 a 1991, na tentativa de explicar os fundamentos de seus paradoxos, deixando para o leitor a capacidade de "julgamento". Evita a polêmica ideológica adjetivada, baseada em ideias não comprovadas, e as explicações centradas em personalidades ou pequenos grupos de indivíduos. Além disso, procura mostrar uma visão desde dentro, apresentando a lógica do próprio sistema. O livro se baseia em trinta anos de experiência acadêmica sobre o tema e em obras de rigor científico que vêm sendo publicadas nos últimos vinte anos, especialmente por pesquisadores ingleses, norte-americanos e russos, entre outros.

Em primeiro lugar, é importante ressaltar que *a Revolução Soviética é tanto socialista quanto russa*. Decorreu da progressiva desintegração do império czarista a partir do fim do século XIX até a Primeira Guerra Mundial, num contexto marcado por guerras devastadoras, que desorganizaram completamente a maior nação do planeta. Por isso, é indispensável conhecer a história da Rússia pré-revolucionária em sua dimensão socioeconômica, política, geopolítica e ideológico-cultural, pois serve de fundamento, favorecendo e ao mesmo tempo limitando a Revolução e o regime que esta estabeleceu.

As contradições sociais da modernização tardia e dos fracassos geopolíticos do império russo, bem como a crise internacional provocada pela Primeira Guerra Mundial, foram fatores catalisadores mais importantes do que a ação de determinados indivíduos. Após o fracasso da Revolução de 1905, que se seguiu à derrota frente ao Japão, um pequeno grupo de revolucionários marxistas se preparou para conquistar o poder, e as condições se apresentaram em 1917. A derrubada do Czar e, depois, do Governo Provisório, foram tarefas relativamente fáceis. Mais difícil foi lutar contra os adversários internos e externos durante a Guerra Civil e o Comunismo de Guerra (1918-1921), além de restaurar o Estado desintegrado. Eis aí o primeiro paradoxo: aqueles que desejavam destruí-lo acabaram por construir um Estado ainda mais poderoso.

O período da Nova Política Econômica (NEP), que se estendeu de 1921 a 1927, representou um intervalo na Revolução, com um hiato entre o meio urbano (apoiado no Estado) e o rural (que se voltava ao mercado). No Partido Comunista, todavia, houve debates acirrados sobre o caminho a seguir e uma luta pelo poder. Foi, igualmente, um período de experimentos sociais e políticos, que se deu durante uma situação internacional ambígua. O desfecho, causado por fatores internos e externos, seria a vitória de Stálin e do projeto *Socialismo em um Só País*, afirmando o caráter russo da Revolução Socialista. Eis o segundo paradoxo: Moscou foi o centro da *Internacional Comunista*, mas também da nação russa renovada.

Se Lênin foi o principal responsável pelo triunfo da Revolução, coube a Stálin e seu grupo construir uma nova sociedade, com a coletivização da agricultura e a industrialização acelerada dos Planos Quinquenais. Com uma sociedade rápida e completamente transformada, e a integração de toda a população de uma centena de nacionalidades à modernidade, o poder se concentrou de forma brutal, sobretudo como preparação para a guerra que se avizinhava durante o período da Grande Depressão. Eis o terceiro paradoxo: a modernização radical recorreu a instrumentos de poder da Rússia tradicional; Stálin combinou progresso social com retrocesso político.

A Segunda Guerra Mundial foi considerada uma prova de fogo: a URSS contribuiu decisivamente para a vitória dos Aliados com base na Aliança Antifascista, mas ficou reduzida a escombros, além de ter perdido mais de 20 milhões de pessoas (12% da população). A diplomacia soviética que antecedeu e que sucedeu o conflito, por outro lado, possibilitou que a Revolução fosse aceita como Nação, integrada ao sistema da ONU, mas contida pela Guerra Fria. Nascia uma superpotência socialista, que tinha como principal rival o capitalismo dos Estados Unidos. Surgia, então, um quarto paradoxo: como participar de uma ordem mundial capitalista sendo socialista?

Como Stálin não indicara um sucessor, sua morte, em 1953, gerou uma luta pelo poder, cujo ápice ocorreu durante o XX Congresso do Partido Comunista (1956). Kruschev, para vencer seus adversários, lançou uma campanha antistalinista (embora ele mesmo fosse um) denunciando o *culto à personalidade*. Ele governou de forma voluntarista e improvisada, gerando conflitos com a República Popular da China e criando incidentes internacionais desastrosos, como a Crise de Berlim (1961) e a Crise dos Mísseis de Cuba (1962). Acabou sendo derrubado em 1964. Há aqui um quinto paradoxo: sua denúncia contra Stálin, em vez de gerar reformas, enfraqueceu, desmoralizou e dividiu o comunismo.

Brejnev (1964-1982) foi a opção conservadora de um grupo de burocratas, que antes eram aterrorizados por Stálin e, com Kruschev, deixaram de ser perseguidos mas padeceram suas improvisações desastradas na economia. Brejnev representava a estabilidade, mas também a estagnação política e ideológica: nascia a corrupta e mafiosa *Nomenklatura* dos altos funcionários, que se eternizavam e envelheciam no poder. Para o povo, mais consumo e menos política. Mas, nessa época, a URSS passou a ser, de fato, uma potência global, gerando o sexto paradoxo: o apogeu de seu poder material e internacional dava-se paralelamente à sua estagnação política.

Na década de 1980 houve tentativas de recuperação e reformas socialistas com Andropov (1982-1984) e com a *Perestroika* e a *Glasnost* de Gorbachev (1985-1991). A primeira não teve tempo de dar resultados, enquanto a segunda levou a uma fragmentação política, que, por sua vez, conduziria ao fim da URSS. Segue aberto o debate do que causou a implosão, mas seu elemento detonador foi a luta entre duas alas do Partido Comunista, combinada à liderança vacilante de Gorbachev. O sétimo paradoxo reside em saber como uma nação poderosa, sem guerra civil e sem ser derrotada num conflito externo, sofreu um colapso completo. Depois de cem anos e milhares de livros, a Revolução Soviética segue um fenômeno histórico pouco conhecido e mal-explicado.

O QUE É REVOLUÇÃO, SOCIALISMO E COMUNISMO?

Revolução significa *uma* mudança política brusca, geralmente violenta, que resulta na derrubada de um regime e na luta pela construção de outro. Esta ruptura na ordem vigente busca efetuar alterações estruturais nos ordenamentos jurídico-político e socioeconômico. O evento pode ser deflagrado por meio de um levante popular, uma insurreição armada, um golpe de Estado ou até mesmo uma transição política relativamente pacífica. Mas, para que estes elementos conjunturais sejam eficazes, é necessário haver condições políticas objetivas favoráveis.

Assim, a Revolução não é apenas um mecanismo de conquista do poder político, de curto prazo, mas também um processo político e socioeconômico de transformação da sociedade e de mudança dos grupos sociais dirigentes, de longo prazo. Foram os alemães Karl Marx e Friedrich Engels que uniram as duas dimensões em uma só estratégia. Para eles, a luta de classes constituía a força motriz da história e da superação das diferentes fases civilizatórias, com suas distintas formas de organização da produção. Significava que os indivíduos se encontravam em posições diferentes em relação à produção e à distribuição da riqueza, tivessem ou não consciência dessa situação.

O capitalismo era considerado por Marx e Engels um sistema que propiciou notável avanço das forças produtivas, mas, paradoxalmente, suas crises eram cíclicas e de superprodução. A derrubada do capitalismo aconteceria por obra de uma revolução proletária, através da violência, o único meio de ascender ao poder, pois as elites dirigentes não abririam mão dele pacificamente. Também seria violenta, porque não havia outro meio de enfrentar os mecanismos e as instituições repressivas do Estado, tais como as Forças Armadas, a polícia e o aparato judicial, destinados a manter a ordem social e a defender a propriedade privada.

Além de revoluções liberal-burguesas (inglesa, americana e francesa), revoluções democrático-burguesas (1848) e revoluções socialistas (Rússia, China e Cuba), a segunda metade do século XX testemunhou revoluções de libertação nacional, democráticas, anti-imperialistas e "antifeudais" no Terceiro Mundo, ligadas à descolonização e ao nacionalismo. Estas foram deflagradas por revoltas populares, mobilizações reformistas, golpes de Estado (inclusive militares) e organizações guerrilheiras, como as teorizadas e promovidas por Mao Tsé-Tung, Ho Chi Minh, Fidel e Raúl Castro e Che Guevara, Amílcar Cabral, entre outros. Existia, nessas revoluções, uma aliança entre segmentos da pequena burguesia (classe média) e do campesinato, além de setores do operariado e artesãos.

Alguns teóricos insistem em afirmar que os países periféricos "não estariam preparados" nem para a revolução nem para o socialismo, segundo uma interpretação restritiva da teoria marxista. Mas, durante a fase imperialista da transição do século XIX ao XX, as contradições sociais mais agudas se deslocaram do centro para a periferia, onde o processo de proletarização se tornou mais acentuado, com o êxodo rural e a implantação da agricultura voltada para o mercado. É importante ressaltar que a dimensão internacional, já significativa nas revoluções clássicas, torna-se ainda mais decisiva no quadro da crescente internacionalização aprofundada do capitalismo na periferia.

É necessário definir alguns termos e conceitos teóricos e políticos empregados, por mais simples que possam parecer. O que é socialismo e qual é a diferença em relação ao comunismo?

O comunismo, segundo é concebido pela teoria marxista, ainda não existe. Trata-se de um objetivo a ser alcançado, identificado pelo nome dos partidos e movimentos que pretendem construí-lo, e este seria um sistema de liberdade e prosperidade, superando o reino da opressão e da necessidade. Segundo Marx e Engels, o socialismo, por sua vez, constitui uma fase de transição pós-capitalista, implantada por meio de uma revolução e caracterizada pela *ditadura do proletariado*. Contudo, o termo "socialismo" também costuma ser vulgarmente empregado no sentido de um regime "moderado" de esquerda, do tipo social-democrata, protagonizado por grupos que não desejam alcançar o comunismo, e sim reformar o capitalismo – o socialismo sueco, por exemplo. Assim, a teoria marxista pregava que o comunismo seria "moderado" e o socialismo "radical", ao contrário da percepção leiga.

O que é necessário para que um regime seja considerado socialista marxista? A teoria marxista foi colocada em prática pela primeira vez, no sentido da conquista do poder e da organização de um novo regime, por Lênin, dentro da perspectiva soviética, materializando alguns princípios vagos na obra de Marx e Engels, que, na verdade, dedicaram-se predominantemente a estudar o funcionamento do capitalismo. De acordo com a experiência concreta, um regime socialista do tipo marxista-leninista implica a existência de um partido único (ou um partido hegemônico dentro de uma frente) que se associa ao aparelho do Estado e exerce o poder como "guia" da sociedade e de seu processo de transição ao comunismo.

Ao contrário do capitalismo, a dimensão política é a instância predominante. Portanto, a economia é organizada segundo o princípio do planejamento econômico central (em vez do mercado), com a propriedade coletiva dos grandes meios de produção e a estatização dos bancos e do comércio exterior. A sociedade tende a ser incorporada num organismo único, com políticas de eliminação gradual das desigualdades e de universalização de políticas sociais, como educação, saúde, habitação, transporte público, emprego e lazer. Este processo, num quadro de tensão extrema, foi materializado, historicamente, por meio de mecanismos autoritários e repressivos, mas socialmente paternalistas.

As revoluções sempre estão relacionadas a fatores internos e externos, e, na sequência de sua concretização, necessariamente geram impacto internacional na medida em que afetam regras internas nas quais a ordem (capitalista) internacional se baseia. Neste sentido, inspiram e causam a mobilização de forças políticas de outros países, tanto simpatizantes quanto adversárias (Halliday, 1999). As revoluções causam guerras externas, geralmente associadas a guerras civis internas.

O socialismo de orientação marxista marcou profundamente o século XX: em sucessivas ondas, impulsionou um conjunto de revoluções vitoriosas. Atingiu o auge em 1983, quando 32 países se autodeclaravam socialistas marxistas. Da União Soviética a Moçambique, do Vietnã a Cuba, um terço da humanidade, da superfície e da produção mundiais encontravam-se em sociedades pós-capitalistas. A onda inicial do socialismo teve lugar na esteira da Primeira Guerra Mundial, com o triunfo da Revolução Russa e a construção do socialismo na União Soviética. Inspirada pela ideologia da guerra civil russa, a Revolução na Mongólia, no início da década de 1920, ocorreu durante esse período.

A segunda onda, decorrente dos movimentos antifascistas e das consequências da Segunda Guerra Mundial, afetou o Leste Europeu, tanto pelas "revoluções pelo alto" apoiadas por Moscou, que constituiriam as Democracias Populares, quanto por meio das revoluções autônomas da Iugoslávia e da Albânia. É importante ressaltar que países como a Alemanha, a Hungria, a Tchecoslováquia e a Bulgária protagonizaram, do final da Grande Guerra até 1923, revoluções e até efêmeros regimes socialistas, que acabaram depostos com violência, às vezes por intervenção externa.

A terceira onda, que vinha se desenrolando paralelamente à anterior, teve como epicentro a Revolução Chinesa, iniciada já na década de 1920 e caracterizada pela questão camponesa. Após um quarto de século de guerrilhas e guerras, a nação mais populosa do planeta tornou-se um regime socialista, com tendências anticoloniais, em 1949. A Revolução Coreana, que implantou uma república socialista no Norte – depois de deflagrar uma guerra que, pela primeira vez, não foi vencida pelos Estados Unidos –, fez parte dessa fase. As revoluções marxistas e os regimes emergidos na primeira metade do século XX ocorreram "na periferia do centro", já que as potências capitalistas industriais entraram em conflito aberto (corrida imperialista, Primeira e Segunda Guerras Mundiais, por exemplo). Assim, foi possível a vitória de duas revoluções e de regimes que estruturariam a nova realidade mundial, a soviética e a chinesa, que se encontravam na periferia do espaço geopolítico afetado pela gigantesca confrontação e transformação.

Finalmente, na quarta e última onda, o movimento de descolonização e o nacionalismo do Terceiro Mundo protagonizaram o triunfo de diversas revoluções de orientação socialista, como a cubana, a vietnamita, a afegã, a sul-iemenita e as africanas na década de 1970. Ocorreram na segunda metade do século XX, "no centro da periferia", isto é, na região meridional do planeta ainda não industrializada, onde ocorria a expansão do *desenvolvimento desigual e combinado do capitalismo.* Dentre as referidas, apesar dos limitados recursos, duas acabaram se tornando paradigmáticas e tendo efeitos sistêmicos por todo o mundo: a cubana e a vietnamita. Evidentemente, dependeram e estiveram ligadas às duas grandes revoluções que fundaram o regime, mas desenvolveram uma dinâmica própria. Desde 1979 não mais ocorreram revoluções socialistas.

1
RUMO AO PODER

As Revoluções de 1905 e de 1917 (1905-1921)

1.1 A FORMAÇÃO DO ESTADO RUSSO E SUA ESTRUTURA SOCIOCULTURAL

A compreensão da Revolução Russa e das características da União Soviética, que constituem fenômenos "modernos", não pode ser completa sem a compreensão dos fundamentos histórico-geográficos de longa duração dessa imensa nação eurasiana. Situada a leste da Europa e no centro e norte da Ásia, a Rússia sempre foi um país peculiar, pois sua geografia e sua formação histórico-social híbrida combinavam elementos europeus e asiáticos num vasto território com populações esparsas. A isso pode-se agregar o caráter relativamente isolado da evolução do Estado russo em relação às grandes transformações mundiais, pois permaneceu distante dos grandes circuitos econômicos internacionais.

OS FUNDAMENTOS GEOGRÁFICOS E AMBIENTAIS

A Rússia imperial e a União Soviética formaram o país mais extenso da era moderna. A URSS tinha, após a Segunda Guerra Mundial, uma extensão de 22,8 milhões de km^2 de extensão (quase três vezes a superfície do Brasil), o que representa um sexto das terras emersas do planeta e equivale à superfície da Lua. De leste a oeste abarca 11 fusos horários: enquanto no extremo oriente soviético (Oceano Pacífico) as pessoas jantavam, nas margens do mar Báltico e na Ucrânia ainda tomavam café da manhã. A Rússia pré-revolucionária era maior ainda, pois incluía Polônia, Finlândia e Alaska (vendido aos Estados Unidos em 1867). Constituía-se um gigantesco território eurasiano, que começava na fronteira da Alemanha imperial e se estendia até o mar do Japão, no Pacífico.

De norte a sul (4.500 km de extensão máxima) há o Oceano Ártico (congelado na maior parte do ano), as imensas superfícies da tundra, da floresta (taiga), das estepes e dos desertos da Ásia Central, culminando na elevadíssima cordilheira do Pamir (altitude máxima de 7.500 m), que é a continuação do Himalaia, na fronteira do Afeganistão. Enquanto na Yakutia (Sibéria) a temperatura é de -50°C no inverno[1], nos desertos da Ásia central é de 40°C (podendo chegar a 50°C), sendo que, em 40% do território, os rios ficam congelados por seis meses. O próprio solo é permanentemente congelado no norte. Mas o gigantesco espaço russo é muito rico em recursos naturais (minérios, fontes de energia, madeira), embora a área agrícola seja muito limitada e sujeita a um clima inclemente. Trata-se de uma planície imensa e contínua (prolongamento da Europa Central) que inicia no mar Báltico e se estende até o Cáucaso, abarcando a maior parte da Sibéria e da Ásia Central.

Tal configuração geográfica – plana, sem fronteiras naturais defensáveis e gelada em grande parte do ano – sempre exerceu enorme influência na sociedade e na política russas. Não se trata de um determinante do "caráter nacional", mas de um condicionante. A expansão territorial resultou de guerras que buscavam ganhar profundidade estratégica defensiva contra invasores (como se verá adiante) e da tentativa de obter uma saída para o mar, estabelecendo uma ligação com o resto do mundo. Mas também era consequência da imensa disponibilidade de terras no leste, de população nativa rarefeita (de origem finlandesa e tártaro-mongol), que eram buscadas por camponeses ávidos de escapar dos tributos ou da servidão. Na luta contra suecos e polaco-lituanos no oeste, turcos e tártaro-mongóis no sul e a colonização relativamente pacífica da Sibéria quase despovoada, foi forjado um gigantesco território, mas sem saída para mares abertos e sem conexão com os grandes fluxos comerciais. A URSS tinha 60 mil km de fronteiras terrestres com 12 países, vários dos quais hostis.

---

[1] A cidade siberiana de Oymyakon bateu o recorde de frio, com uma temperatura de -71,2°C. Curiosamente, a temperatura mais baixa registrada na Terra, -89,2°C, foi na base soviética de Vostok, na Antártica.

OS CONDICIONAMENTOS HISTÓRICOS

A Rússia possui um sistema político relativamente antigo, mas que se manteve isolado dos grandes desenvolvimentos mundiais. A formação histórica do povo russo remonta às tribos eslavas que, desde aproximadamente 2000 a.C., habitavam o centro da região entre os mares Báltico e Negro. Na Idade Média, os vikings estabeleceram, a partir de Novgorod e ao longo dos rios Dvina, Dnieper e outros, uma rota comercial que chegava a Bizâncio (Constantinopla, atual Istambul), capital do império bizantino (romano do Oriente). Do contato entre os vikings (varegos) e os eslavos russos foi formado o *Rus de Kiev*, o berço da Rússia atual, cujas primeiras referências datam do século VI. O príncipe Oleg (882-912), da Dinastia Rurik, foi o primeiro soberano documentado a governar esse Estado medieval, que, junto com as cidades-Estado do norte (como Novogord), formava um espaço político russo: o triângulo Kiev-Novgorod-Vladimir.

Em 988 o príncipe Vladimir adotou a religião cristã ortodoxa, oriunda de Bizâncio, como forma deliberada de diferenciar os povos eslavos do Rus das tribos vizinhas: poloneses e húngaros católicos a oeste e muçulmanos ao sul e a leste (Hill, 1988). Na mesma linha, foi adotado o alfabeto cirílico e, com a queda de Constantinopla em 1453 perante os turcos, Moscou se tornou a "III Roma", guardiã da ortodoxia e sede da Igreja, que se tornaram parte da russianidade. Esses acontecimentos marcaram uma diferenciação e separação entre a Rússia e a Europa Ocidental, com profundas consequências históricas.

O divisor de águas ocorreu em 1240 quando, em meio à desorganização interna, Kiev sofreu uma invasão e conquista mongol chefiada por Batu, filho de Gêngis Khan, que estabeleceu uma dominação extremamente violenta, cruel e usurpadora até 1480. Essa situação marcou o declínio de Kiev e o predomínio gradual dos príncipes de Moscou, com o centro de gravidade do Estado se transferindo para o norte, como forma de escapar do domínio direto e dos ataques mongóis. Os povos da estepe dominaram parte da floresta, obrigando os russos a se refugiarem ainda mais em seu interior, rumo ao norte. Cidades eram saqueadas e queimadas, com seus habitantes mortos de forma massiva e brutal e os sobreviventes sujeitos à feroz opressão e tributação. As cidades e casas eram feitas de madeira, barro e palha, pois as pedras eram raras, daí a fragilidade e a ausência de grandes construções.

A história da Rússia é constituída por uma alternância de períodos de estagnação, seguida de tomada de consciência do atraso em relação à Europa Ocidental, que culmina numa fase de tenazes esforços de recuperação do *gap*. Além disso, mantinha um histórico de lutar contra invasões estrangeiras: o príncipe de Novogorod derrotou os suecos em 1240 e os cavaleiros teutônicos em 1242; o avanço da Horda de Ouro mongol foi contido em 1380 e, um século depois, sua dominação chegou ao fim. O grão-duque de Moscou, Ivan IV, o Formidável, ou o Terrível (segundo a nobreza), reinou de 1533 a 1584 e, com apoio da Grã-Bretanha (interessada em se aproximar e fazer comércio), buscou modernizar o sistema de governo da Rússia. Também objetivou quebrar o poder dos boyardos (aristocracia rural) para centralizar o poder e se defender dos inimigos externos, logo se expandindo sobre os decadentes canatos tártaro-mongóis na bacia do rio Volga e, em seguida, ultrapassou os Montes Urais.

Criou um império e, em 1547, se autodeclarou *Czar de Todas as Rússias* (inaugurando a Autocracia de Direito Divino), tendo como sucessor um filho incapaz, cuja morte em 1598 encerrou a Dinastia Rurik. Nascia um sistema de governo na Rússia pós-mongol que combinava três tradições políticas: o sistema senhorial moscovita, o despotismo mongol e o césaro-papismo de Bizâncio. No século XX alguns elementos dessa cultura política mantinham-se ativos em sistemas mais modernos, como na industrialização iniciada no czarismo e, mesmo, no próprio socialismo soviético. Elementos de longa duração histórica devem ser levados em conta para uma compreensão mais profunda dos paradoxos da Revolução que era, ao mesmo tempo, socialista e russa.

Seguiu-se um período de caos, divisões e fome, com revoltas camponesas e invasões suecas e polonesas (que conquistaram Kiev e ocuparam Moscou temporariamente). Nessa época, sob influência da burguesia comercial, a Europa Ocidental libertava seus servos, e o capitalismo iniciava sua ascensão, enquanto na Rússia (e no leste europeu) era adotada a "servidão tardia" (ou Segunda Servidão). De certa forma, a Rússia estabeleceu uma divisão regional do trabalho e começou a exportar grãos, âmbar, peles e madeiras para o Ocidente, mas havia muita terra para poucos braços, os quais passaram a estar presos à propriedade rural, e vendidos com ela. Aos poucos foi surgindo o *Mir*, unidade produtiva camponesa de aldeias comunais com traços feudais, de onde os camponeses não podiam sair: "Pertencemos ao Senhor, mas a terra é nossa", diziam eles, vivendo na miséria e no atraso.

Pedro I, o Grande, governou de 1694 a 1725 e tentou nivelar a Rússia com a Europa Ocidental, aonde fora estudar. Após obter acesso ao mar, derrotando os suecos, construiu, em 1703, a cidade de São Petersburgo, no estuário do Rio Neva, fazendo dela a capital e um porto aberto ao mundo. A edificação da cidade em pântanos insalubres, luxuosa e de estilo totalmente ocidental foi feita com mão de ferro e custou a vida de milhares de camponeses. Pedro considerava Moscou parte do atraso russo e obrigou a população a adotar vestuário e estilos europeus, o que somente atingiu a elite e os estratos médios. Tentou introduzir algumas fábricas e reorganizou a administração (mas os funcionários seguiam mal pagos e pouco qualificados) e um sistema moderno de taxação, enquanto expandia ainda mais as fronteiras para o leste. Ampliou o controle sobre a Igreja Ortodoxa, tornando-a uma espécie de Departamento do Estado, como um poder temporal no campo, em que ela justificava o poder moralmente. Também impulsionou o desenvolvimento científico e acadêmico, tendo fundado a Academia de Ciências em 1725 (a Universidade Lomonosov seria criada em 1755).

Apesar dos inegáveis avanços obtidos, a modernização ao estilo ocidental de Pedro I separou a cultura horizontal da sociedade e a cultura vertical, ou alta cultura, exclusiva às elites e ao Estado. A população ficou alienada e sofria de complexo de inferioridade, pois o país precisava copiar os modos de uma Europa reputada "superior" pelo dirigente. Em certo sentido, essa divisão somente foi superada pela Revolução Soviética, que produziu uma modernização original levada ao conjunto da população. Mas até isso acontecer essa situação gerou uma cisão intelectual entre *ocidentalistas e eslavófilos*. Os últimos acreditavam que os valores tradicionais da sociedade russa eram moralmente superiores ao individualismo e à corrompida cultura ocidental, e a religião ortodoxa e a sociedade camponesa seriam as bases da identidade do país.

Catarina II, a Grande, era uma princesa alemã francófila que governou de 1762 a 1796, após ter, supostamente, envenenado seu marido, o czar. Ela retomou a modernização ocidentalizante e de cima para baixo, com mão de ferro, mas foi mais de fachada do que profunda, reproduzindo o dilema introduzido por Pedro I. Reprimiu as revoltas camponesas duramente, trouxe colonos alemães para melhorar a agricultura e promoveu uma decidida expansão externa. Em direção ao sul, conseguiu conquistar o litoral norte do mar Negro dos turcos (em 1783 anexou a Crimeia) e atingiu o Cáucaso. A leste ampliou o avanço sobre a Sibéria e cruzou o estreito de Bering, ocupando as ilhas e o litoral do Alaska, onde explorava o comércio de peles e outros artigos. Em 1811, os russos construíram o Forte Ross frente a São Francisco, na Califórnia, para conter a presença espanhola. Em 1867, temendo perder o território para os ingleses, que avançavam na costa da Colúmbia Britânica (Canadá), venderam-no aos Estados Unidos por 8 milhões de dólares.

Por fim, a oeste, Catarina II participou da partilha da Polônia em 1772, 1793 e 1795, incorporando amplos territórios que antes haviam sido anexados por aquele país. É importante lembrar que tais territórios eram povoados por russos-brancos, ucranianos e lituanos, e não por poloneses, odiados pelos camponeses dos dois primeiros grupos. Por outro lado, a Polônia desenvolveu uma narrativa historiográfica vitimizadora, "cercada por vizinhos poderosos que a atacavam". Até então ela constituía um vasto reino, dominando outros povos, e a razão da vulnerabilidade residia na ampla autonomia de sua nobreza fundiária, que não admitia um poder central forte, o que se revelou mortal para o Estado polonês. E ela era dividida em facções que lutavam entre si e se aliavam a poderes estrangeiros, além de a eles recorrerem solicitando ajuda militar quando os camponeses se revoltavam. É sempre importante ter cuidado com os clichês históricos.

1.2 AS ORIGENS DA REVOLUÇÃO E DO MARXISMO RUSSOS

A situação social miserável e as injustiças a que estava submetida a maioria da população russa produziram violentas e amplas revoltas camponesas em vários momentos. Mas elas não tinham um projeto de transformar a sociedade como um todo. Eram apenas explosões produzidas pelo desespero, logo sufocadas militarmente. Embora a elite fosse insensível a isso, em 1790 o aristocrata iluminista Alexander Radichev publicou uma obra criticando a miséria e a opressão dos camponeses. Foi condenado à morte, mas a pena foi comutada em prisão perpétua, evidenciando a prática de suprimir os dissidentes, que se tornaria comum na Rússia por dois séculos.

Logo a literatura deixará de ser a única forma de protesto. A Revolução Francesa acabou tendo um impacto indireto na conservadora Rússia autocrata. O regime, com apoio popular, combateu com sucesso a invasão napoleônica de 1812, e, dois anos depois, os exércitos do czar acabaram por perseguir os franceses até Paris. Lá, muitos oficiais entraram em contato com os ideais iluministas e com uma realidade totalmente distinta da sua. De volta à Rússia, eles formaram uma sociedade secreta para derrubar a autocracia e ajudar o país a se recuperar do atraso em relação ao Ocidente. Ficaram conhecidos como dezembristas, pois foi em dezembro de 1825 que tentaram um golpe de Estado contra o czar. No entanto, os dezembristas falharam e foram executados. O governo, então, institucionalizou a censura e criou uma polícia política secreta, consolidada mais tarde com o nome de *Okhrana*, que viria a constituir a matriz dos modernos serviços secretos, como a KGB, a Gestapo alemã, o FBI e a CIA americanos, e o MI-5 e MI-6 britânicos.

A partir de então apenas a literatura fazia críticas muito veladas, até sob a forma de sátiras, à situação da Rússia. Entre 1830 e 1850 desenvolveu-se um debate entre "ocidentalistas" e "eslavófilos": os primeiros defendiam a modernização copiando os modelos europeus e propunham a reforma política liberal, a abolição da servidão, a industrialização e a urbanização; os outros criticavam a "podridão ocidental carente de valores morais" e propunham a reafirmação dos valores próprios da religião ortodoxa e a comunidade camponesa tradicional (Mir) como uma solução para a preservação da identidade nacional.

A derrota russa na Guerra da Crimeia (1853-1856) frente à Inglaterra e à França teve enorme impacto interno, evidenciando o atraso do país e reforçando a posição dos que pregavam as reformas modernizadoras. Em 1861 foi, oficialmente, abolida a servidão, com a intenção de libertar os camponeses e de contribuir para a industrialização. Mas a implementação dessa política, como sempre, ficou no meio do caminho, gerando novas contradições políticas.

Na segunda metade do século XIX surgiram os populistas (narodniks), que pregavam a propaganda política junto aos camponeses (que consideravam a verdadeira força revolucionária) como forma de mobilização. Mas isso se revelou inócuo, pois os camponeses acabavam denunciando à polícia esses estranhos jovens de classe média que vinham pregar sua libertação. E, geralmente, acabavam marcados a ferro e enviados à Sibéria como desterrados. Mais tarde, passaram a adotar formas terroristas de ação, com atentados contra autoridades. Alguns, então, exilaram-se no Ocidente, como Georgi Plekhanov e Vera Zasulich, que criaram o grupo Emancipação do Trabalho (1883), já sob influência de Marx. O marxismo representou um golpe para os populistas, que viram suas teses perderem terreno, pois não desejavam a industrialização, acreditando que a Revolução deveria decorrer da aliança do socialismo agrário russo com o proletariado da Europa. Outra voz destoante era o nobre anarquista Bakunin, que exerceria certa influência na Rússia.

O tipo ideal da cultura popular russa era o *podvijnik* (mistura de herói e santo), mas Pedro, o Grande, quebrara a unidade moral da Rússia, opondo a elite ocidentalizada à massa de camponeses tradicionais. Contudo, logo surgiria uma nova corrente, os revolucionários, que, depois dos dezembristas, lutavam e sofriam por uma causa considerada nobre. Não por coincidência, o jornal dos bolcheviques era denominado *Pravda*, palavra que em russo significa verdade e justiça. Aqueles que deveriam constituir uma camada social de profissionais liberais e técnicos numa sociedade capitalista, mas que na Rússia não tinham oportunidade de se converter numa pequena burguesia, formariam a *intelligentsia*.

Segundo Gustave Welter,

> saídos de uma massa camponesa meio comunista, o *intelligent* encontrou nas teorias sociais do Ocidente essa razão de viver que seus antepassados haviam encontrado na religião. [...] Por fim, Karl Marx veio a proporcionar à sua necessidade idealista o alimento que melhor lhe convinha, posto que continha ao mesmo tempo uma ciência, uma política e uma moral. (WELTER, 1936, p. 32)

Lênin, codinome de Vladimir Ilich Ulianov, representava exatamente esse tipo. Nasceu em 1870 em Simbirsk (atual Ulianovsk), na região do Volga, filho de um diretor de escola. Fluente em alemão e outros idiomas, era de família culta de classe média, de sangue russo, alemão, judeu e tártaro. Ainda jovem viu o irmão ser enforcado por participar do complô para assassinar o czar Alexandre III. Ele entrou em grupos de estudo marxistas e envolveu-se na militância, o que lhe valeu a expulsão da Universidade de Kazan. Posteriormente se formou em Direito na Universidade de São Petersburgo, trabalhou como advogado, mas, sempre perseguido pelas autoridades, acabou se exilando na Europa Ocidental, reunindo-se ao grupo de emigrados marxistas e participando do movimento operário europeu. Escreveu diversas obras de cunho político e dois estudos importantes: "O desenvolvimento do capitalismo na Rússia" e "Imperialismo, etapa superior do capitalismo".

Lênin argumentava que o capitalismo era inevitável na Rússia, pois o país conheceu expressivo desenvolvimento socioeconômico a partir da década de

1890, em boa parte sob impulso de capital francês. Esse era criticado pela esquerda russa, mas contribuiu para formar o operariado, que viria a ser a base social da Revolução. A Rússia era uma nação semicolonial que recebia capital estrangeiro e, embora fosse um Império (rival da Grã-Bretanha na geopolítica global), não era um Estado imperialista. Sua situação poderia ser comparada à de um "proletário" da economia mundial, que Lênin considerava o elo mais fraco da corrente imperialista, o qual poderia ser rompido com a Revolução.

Os marxistas russos fundaram em Minsk (Bielorrússia), em 1898, o Partido Operário Social-Democrata Russo (POSDR), que funcionava na ilegalidade. No entanto, logo surgiram divergências tático-estratégicas, especialmente sobre o perfil do partido: Martov e outros acreditavam que ele deveria ser voltado para as massas, enquanto Lênin defendia uma organização militarizada formada por um quadro revolucionário profissional, ou seja, de vanguarda. Argumentava que o regime absolutista e policial russo não propiciava as condições para uma organização ampla e relativamente aberta, que poderia ser infiltrada e destruída com facilidade. Assim, em 1903, o POSDR dividiu-se em duas correntes: os bolcheviques ("maioria", em russo), liderados por Lênin, e os mencheviques ("minoria"), do qual Trótski fazia parte. Em 1900, por sua vez, os populistas haviam formado o Partido Socialista Revolucionário (SR), com apelo aos camponeses, ao contrário das duas alas do POSDR, que se concentravam nos operários.

1.3 A REVOLUÇÃO DE 1905, A REAÇÃO E A PRIMEIRA GUERRA MUNDIAL

A DERROTA PARA O JAPÃO E O FRACASSO DA REVOLUÇÃO DE 1905

Após a abolição formal da servidão e a tentativa frustrada de reformas, na esteira da penetração do capitalismo, a sociedade russa começou a se transformar no período final do século XIX. As ilhas de modernidade industrial, concentradas em poucas cidades, ferrovias e minas, eram cercadas por um oceano de atraso rural. Esta crescente dualidade interna foi acirrada pelo papel internacional de potência desempenhado pela Rússia. Assim, 1904 marcou uma inflexão na evolução diplomática, dando início a uma fase de crises que culminaria na Primeira Guerra Mundial. Nesse ano foi estabelecida a *Entente*

Cordiale franco-britânica e, no extremo oriente, eclodiu a Guerra Russo-Japonesa. As pretensões dos dois países sobre a Manchúria e a Coreia eram excludentes, e, contando com o beneplácito inglês, o Japão começou a pressionar as forças russas na região. O reacionário ministro do Interior, Plehwe, convenceu o czar Nicolau II a entrar na guerra "para evitar a Revolução". Uma guerra travada a 6 mil km dos centros de abastecimento, por um Estado e um Exército incompetentes, revelou-se um desastre total desde a derrota terrestre do Yalu (abril de 1904) até a destruição completa da esquadra naval do Báltico na batalha de Tsushima (maio de 1905).

Durante o conflito, a situação social e política da Rússia se agravou. Em janeiro de 1905 uma multidão, liderada pelo Pope (padre) Gapon e carregando ícones religiosos e retratos do czar, tentou entregar uma petição no Palácio de Inverno. Gapon era um religioso e líder sindical ambíguo, pois mantinha contatos com a Okhrana. O czar não se encontrava e a guarda abriu fogo, promovendo um massacre, com a morte de centenas de manifestantes desarmados, rompendo o elo entre o povo e o soberano. A resposta foi uma revolta, com greves e saques nas cidades e destruição de propriedades, assassinato de nobres e ocupação de terras no campo. A classe média deu certo apoio e o governo vacilou, quando chegou a notícia da destruição da frota em Tsushima, causando a rebelião dos marinheiros do encouraçado *Potemkin*, em Odessa, em junho daquele ano.

O czar Nicolau II tentou ganhar tempo, propondo reformas aos revoltosos e a convocação da Duma, o parlamento consultivo, mas, em outubro, organizaram-se os primeiros Sovietes (Conselhos ou Assembleias) de operários e soldados. Em pânico, Nicolau II assinou o acordo de paz de Portsmouth com o Japão. Mas a situação permaneceu confusa. Faltava uma liderança unificada aos revolucionários: os liberais se contentaram com a convocação da Duma enquanto a maior parte do Exército e a polícia continuavam leais ao czar. Com o fim da guerra, e recebendo ajuda estrangeira, o governo russo iniciou a contenção da Revolução, empreendendo, após 1907, uma feroz repressão contra os revolucionários. O movimento de extrema direita Cem Negros (ligado à polícia) e as forças da ordem esmagaram os sovietes, promoveram pogroms antissemitas, que mataram 3 mil judeus, e impuseram o terror nos campos, enquanto a Duma era progressivamente esvaziada.

A derrota na Guerra Russo-Japonesa custou ao país a perda das ilhas Curilas, metade da ilha de Sacalina e suas possessões na China, que passaram ao domínio japonês, e evidenciou a fragilidade e o arcaísmo da Rússia, bem como os riscos existentes de uma ampla revolução social. Por outro lado, fora a primeira vez que uma nação asiática vencia uma europeia, colocando o Japão na mesma posição das demais potências na Ásia e rebaixando a Rússia na escala de grandeza internacional, além de interromper seu projeto de expansão na região. A partir de então a diplomacia russa se voltou para os Bálcãs, onde o império turco-otomano retrocedia por causa do *pangermanismo*, liderado por Berlim e Viena, e do *pan-eslavismo*, por Moscou.

A RETOMADA DA AGITAÇÃO SOCIAL E A PRIMEIRA GUERRA MUNDIAL

Em 1912 a fase da repressão declinou e iniciou-se uma nova onda de greves e mobilização política. A situação internacional também se agravava, com a Paz Armada e a formação de blocos diplomático-militares: a Tríplice Aliança (Alemanha, Áustria e Itália) e a Tríplice Entente (Grã-Bretanha, França e Rússia). A guerra se avizinhava e o czar sentiu-se pressionado por Paris e Londres a se mobilizar para o conflito. Apesar da debilidade da Rússia, sua participação seria importante para manter o Exército alemão dividido em duas frentes. Internamente, mais uma vez os conselheiros de Nicolau II o convenceram de que uma guerra patriótica seria a melhor forma de evitar as tensões sociais e, como consequência, a Revolução. O problema foi que ocorreu exatamente o inverso.

Em 1914 foram mobilizados 12 milhões de homens, para os quais não havia armas, equipamentos e mantimentos suficientes, mas o maciço recrutamento acabou com as greves. Todavia, os soldados desocupados perturbavam unidades sobrecarregadas e ouviam discursos dos revolucionários recrutados para o Exército como castigo. No primeiro ano de conflito houve certo equilíbrio, com a conquista de parte da Prússia Oriental alemã e da Galícia austríaca, mas em 1915 os russos tiveram de recuar e perderam a Polônia. Sempre chamado a atacar quando os alemães ameaçavam a frente ocidental na França, o Exército russo começou a sofrer sucessivas e desmoralizantes derrotas, perdendo territórios da Ucrânia e do litoral báltico em 1916. Questões como insubordinação, motins e deserções atingiam a frente russa, enquanto ocorriam greves nas cidades e revoltas na Ásia central.

A Rússia não possuía recursos e estrutura para bancar a guerra, a corrupção tomava a corte – uma facção desejava a paz com a Alemanha –, a incompetência do governo e do comando militar se somavam à fome, e as greves sacudiam as cidades. Em dezembro de 1916 o monge siberiano Rasputin, pró-alemão que tinha certa influência sobre a esposa alemã de Nicolau II, foi assassinado. Os agentes da Entente e da Alemanha conspiravam em Petrogrado (novo nome russificado da capital), buscando aliados, enquanto o exército se desintegrava e soldados retornavam ao campo e ocupavam terras. O comportamento da elite dirigente era errático e a desorganização da logística alimentar afetava as cidades, promovendo saques e conflitos. Em fevereiro de 1917 ocorreram as revoltas do pão e uma greve de 300 mil operários, apoiada pela Duma.

A crise levou à renúncia do czar em 2 de março de 1917 e ao fim da Dinastia Romanov, que havia acabado de completar três séculos de existência. Ficou conhecida como Revolução de Fevereiro, pois o calendário juliano antigo (usado na Rússia até 1918) tinha 13 dias de atraso em relação ao calendário gregoriano ocidental. Como em 1905, a situação era confusa e fluida, com a existência de um poder dual, pois a Duma exercia a autoridade institucional (uma República liderada pelo príncipe Lvov), enquanto os sovietes (reconstituídos por soldados e operários) compunham um poder paralelo. Mas o Governo Provisório, por pressão da Tríplice Entente, manteve a Rússia na Guerra, acumulando novas derrotas, perdendo mais territórios e intensificando a crise.

Em abril, auxiliado pelos alemães, Lênin retorna de seu exílio na Suíça e tenta convencer o POSDR a se preparar para a Revolução, pois defendia, desde 1915, uma transformação da guerra imperialista em uma revolução social. A maioria do pequeno partido, que no início da guerra tinha apenas 17 mil membros numa população de 160 milhões de habitantes, bem como os demais, acreditava que o país não estava preparado para conquistar o poder. Uma vez que vigorava um sincretismo de feudalismo, capitalismo e socialismo agrário primitivo, a Rússia deveria ainda passar por uma etapa de desenvolvimento capitalista e liberal-democrático.

Um mês depois, o menchevique Leon Trótski (pseudônimo de Lev Bronstein) iria aderir aos bolcheviques e às teses leninistas. Trótski, nascido em 1879, provinha de uma abastada família judaica dos arredores de Odessa. Era um brilhante orador, com sólida formação intelectual, marcado por sua ousadia, nem sempre bem-sucedida, e cosmopolitismo. Lênin, em contrapartida, era asceta, organizado, discreto e ponderado mas persistente, cujo intelecto tinha um sentido mais prático e um caráter mais russo. Eram dois líderes que se complementavam.

Em julho, o socialista Kerenski do Partido Trabalhista (Trudovik), dissidente do SR, assumiu a liderança do Governo Provisório. A situação se tornava cada vez mais grave e, com a derrota da ofensiva russa na Galícia, ocorreram as ações conhecidas como as Jornadas de Julho, com uma tentativa falha de golpe bolchevique. A reação de Kerenski foi buscar o apoio do ultraconservador general Kornilov, nomeado comandante do Exército. Além dele, Kerenski buscou apoio do Partido Constitucional Democrático, formado pela burguesia liberal (cadetes ou KD), do Partido Socialista Revolucionário , formado pelos defensores da divisão da terra (SR) e dos mencheviques, que, no Congresso de 1912, haviam formalizado sua separação dos bolcheviques. Por outro lado, em 1917 os mencheviques se fragmentaram: alguns elementos da ala esquerda aliaram-se ao POSDR(b) (bolcheviques), o que também ocorreu com a ala esquerda dos SR após a conquista do poder.

1.4 A REVOLUÇÃO RUSSA DE 1917 E A GUERRA CIVIL

Ao longo do ano de 1917, com o colapso interno e externo iminentes, a situação da Rússia tornou-se explosiva, e a posição do Governo Provisório, insustentável. Os incansáveis bolcheviques, cujas fileiras cresciam rapidamente, aproveitaram a oportunidade para tomar o poder, o que aconteceu de forma relativamente fácil. Mas retirar-se da guerra, consolidar a Revolução e colocar ordem no caos que reinava no país foi uma tarefa muito mais complexa, em meio à Guerra Civil e à intervenção estrangeira. Ironicamente, o Estado russo em decomposição foi salvo e reforçado por aqueles que desejavam acabar com ele pouco tempo antes.

DA GRANDE GUERRA À REVOLUÇÃO RUSSA

Os bolcheviques, depois do insucesso de julho, passaram a preparar melhor o levante armado. Enquanto isso, um acontecimento permitiu-lhes recuperar a iniciativa política: a tentativa de golpe do general Kornilov. Mobilizando tropas na região do Báltico, ele avançou para Petrogrado a fim de derrubar o Governo Provisório e implantar uma ditadura militar. Como Kerenski demorou a reagir, os bolcheviques mobilizaram milícias operárias e unidades militares simpatizantes dos sovietes. Assim, o *putsch* kornilovista foi esmagado e os bolcheviques passaram a influenciar os sovietes, que até então eram uma força minoritária.

Em uma posição cada vez mais difícil, e percebendo o avanço da esquerda, o Governo Provisório de Kerenski empreendeu um último esforço contra os partidos esquerdistas e os sovietes. Os bolcheviques responderam com a mobilização da Guarda Vermelha e o apelo à população mediante as palavras de ordem "Paz, pão e terra" para conquistar o poder em 7 de novembro de 1917 (25 de outubro no antigo calendário) e ainda coincidir com o II Congresso dos Sovietes de todas as Rússias. Kerenski fugiu do país e os bolcheviques tomaram o Palácio de Inverno. Embora Moscou tenha resistido, em poucos dias as grandes cidades estavam nas mãos do novo governo.

Lênin firmou o Decreto da Paz, o Decreto da Reforma Agrária e um terceiro que conferia ao próprio Congresso poderes administrativos. Trótski foi nomeado Comissário do Povo (ministro) para Assuntos Exteriores e Stálin, Comissário para as Nacionalidades. Os novos dirigentes impediram a instalação de uma Assembleia Constituinte, o que colocou todos os partidos contra os bolcheviques, exceto a ala esquerda dos SR. Apesar disso, os revolucionários controlavam apenas as grandes cidades e a frente de combate desmoronava. Ao longo de 1918, a guerra civil espalhou-se pela Rússia, e as diversas forças da contrarrevolução tiveram o apoio dos países da Tríplice *Entente*, que iniciaram a intervenção internacional contra a Rússia soviética. O decreto que nacionalizava as grandes empresas, inclusive estrangeiras, sem indenização, enfureceu as potências ocidentais, particularmente a Grã-Bretanha. À rivalidade geopolítica anglo-russa agora se somava um confronto social e ideológico que persistiria até 1991.

Embora as propostas de paz parecessem pouco realistas, o encerramento da Grande Guerra era uma necessidade premente para a Alemanha, devido ao aumento da agitação na Europa. Além disso, a entrada dos Estados Unidos no conflito exigia que Berlim agisse de maneira vantajosa e com rapidez nesse sentido, antes que a correlação de forças se tornasse desfavorável. A proposta de paz dos bolcheviques teve efeitos imediatos: soldados e cidadãos nacionais e estrangeiros, esgotados pela guerra, simpatizavam com a ideia, que, em contrapartida, causava apreensão nas potências beligerantes. A *Entente* começou a enviar tropas para a periferia da Rússia, apoiando a contrarrevolução, de forma a esmagar o novo regime e a manter o país na guerra. Outra consequência foi a divulgação do programa de paz do presidente Wilson, que ficou conhecido como "*Os 14 Pontos*", em janeiro de 1918, no qual defendia o direito à autodeterminação dos povos e referia-se à criação da Liga Das Nações (LDN) para garantir a paz.

Inicialmente a Revolução foi percebida no Ocidente como parte do caos em que a Rússia estava mergulhada, bem como da Primeira Guerra Mundial. Mas, com o passar do tempo, o pânico foi tomando conta das elites ocidentais, que reagiram mobilizando as forças conservadoras. A Igreja Católica, que perdia importância havia décadas, encontrou meios para renascer politicamente (servindo ao poder), através de uma cruzada antibolchevista que disseminava o terror entre os fiéis. O aparato policial e de inteligência foi expandido em todos os países, enquanto o rádio e a imprensa também aderiram à cruzada, propagando versões aterradoras sobre o que se passava na distante e desconhecida Rússia, agora soviética. Os grandes capitalistas, por sua vez, preocupavam-se de forma mais séria e racional, pois, mais que um monstro, a Revolução representava uma ameaça política, social e econômica num mundo desorganizado e fragilizado pela Grande Guerra. Não se tratava só do que fora confiscado na Rússia, mas do que ainda poderia ser perdido em outras regiões. O planeta mergulhava numa espécie de Guerra Civil, que duraria décadas.

Logo após a Revolução Bolchevique, tiveram início as conversações de paz entre russos e alemães na cidade de Brest-Litovski, mas a teoria soviética de uma "paz sem anexações" não era aceita pelos impérios centrais. O chamamento de paz aos povos e soldados, à margem de seus governos, pareceu-lhes absurdo. Mas, em janeiro de 1918, a Alemanha e a Áustria-Hungria enfrentaram greves, revoltas de fome e atos de insubordinação. Os alemães precisavam da paz no leste e dos recursos alimentícios e minerais dos russos para tentar um golpe de força no oeste e, com isso, obter uma saída honrosa da guerra. A Rússia bolchevique poderia ser liquidada depois.

Para os soviéticos, a paz era urgente, pois o Exército czarista fora desintegrado e, nos confins do país, uma reação estava sendo organizada, pois a Revolução era ainda muito frágil. Trótski, o negociador russo, negou-se, contra as ordens de seu governo, a assinar uma paz que considerava espoliativa. Em resposta, os austro-alemães retomaram a ofensiva e impuseram condições ainda mais duras. Em 3 de março, foi assinada a paz, e a Rússia teve de ceder a Ucrânia, a Polônia, a Bielorrúsia e os países bálticos, alguns deles anexados e outros transformados em Estados satélites dos impérios centrais.

Na Alemanha, após o fracasso das ofensivas de verão, Ludendorff exigiu um armistício, para salvar o Exército da desagregação, mas a *Entente*, ciente de sua vantagem, não se apressou em responder, pensando em dar um fim à guerra em 1919. Mas o flanco sul dos impérios centrais começou a desmoronar, com os aliados da Alemanha retirando-se da guerra. A própria burguesia já se preocupava com a derrota que se aproximava e com a crise socioeconômica, responsabilizando os militares e o kaiser Guilherme II por não obterem uma paz vantajosa. Em fins de outubro, o comando alemão decidiu lançar uma nova batalha naval contra os ingleses, mas os marinheiros de Kiel se rebelaram.

O movimento se espalhou rapidamente para outros portos e centros industriais alemães, e sovietes de soldados e operários foram criados em várias cidades. A *Entente*, que não se preocupara em responder ao pedido de paz da Alemanha, comunicou-lhe que aceitava a solicitação de armistício. Manobrando imediatamente para evitar a radicalização revolucionária que se esboçava, a ala moderada do Partido Social-Democrata (SPD), com o apoio dos industriais alemães, assumiu o poder e proclamou a República. No dia 11 de novembro, a Alemanha assinava o armistício, enquanto a agitação crescia nas ruas.

AS REVOLUÇÕES SUFOCADAS NA EUROPA CENTRO-ORIENTAL

A assinatura dos tratados não acabou com os conflitos armados na Europa. O que se seguiu foi uma guerra civil generalizada, após o colapso dos impérios alemão, austríaco, russo e turco. Na Alemanha, enquanto o presidente do SPD, Friedrich Ebert, assumia o governo, apoiando-se na ala direita de seu partido, os Conselhos de Operários e Soldados tomavam o controle das cidades. Em Berlim, a ala esquerda do SPD se transformou no grupo revolucionário Espártaco, liderado por Rosa Luxemburgo e Karl Liebknecht, e mobilizou seus partidários para a tomada do poder em janeiro de 1919. O governo social-democrata, aliado aos conservadores e suas milícias de soldados desmobilizados, esmagou a revolução em Berlim depois de assassinar os dois líderes.

A República Soviética da Baviera, proclamada em abril, levou um mês para ser sufocada. Também houve levantes comunistas na Turíngia (1921) e em Hamburgo (1923). A revolução alemã, apesar de representar uma ameaça, não tinha raízes profundas e, na medida em que o país saiu da guerra sem haver sido derrotado (sequer invadido), suas estruturas repressivas, administrativas e econômicas ainda estavam intactas e a direita logrou controlar a situação. O regime republicano de Weimar (cidade onde foi promulgada a nova Constituição alemã) também sofreu tentativas de golpes de direita e extrema direita, como o *putsch* monarquista de Kapp em Berlim (1920) e o *putsch* nazista de Hitler em Munique (1923), ambos malogrados.

Na Itália ocorreram ocupações de terras e fábricas pelos trabalhadores, além de greves e protestos generalizados, que o governo liberal era incapaz de controlar. As classes dirigentes lançaram mão do movimento fascista, que chegou ao poder através da marcha sobre Roma, pondo fim a esta situação em 1922. Em abril de 1923, os comunistas conseguiram controlar parte da Bulgária por quatro semanas, apoiados em uma rebelião camponesa. Mas a situação ficou mais grave e complexa no império austro-húngaro, pois, com seu colapso, eclodiram tanto movimentos políticos de caráter étnico-nacional quanto socialistas.

Os deputados do Parlamento de Viena proclamaram a República Austríaca, unida à Alemanha, o que foi vetado pela *Entente*. Na Hungria, estabeleceu-se a República e o conde Karolyi foi nomeado presidente, em meio a uma crise política, que levou a uma revolução em março de 1919, quando se formou uma república soviética liderada por Bela Kun. A aristocracia fundiária, apoiada por tropas romenas e assessores franceses, conquistou Budapeste, acabando com a experiência. Na Eslováquia, que depois se uniria aos tchecos formando a Tchecoslováquia, também foi implantado um regime soviético, que durou apenas um mês (julho de 1919).

A GUERRA CIVIL NA RÚSSIA E O COMUNISMO DE GUERRA

Dias antes da assinatura do Tratado de Brest-Litovski, o governo bolchevique criara o Exército Vermelho, sob o comando de Trótski, em virtude da debilidade militar da Revolução, pois o Exército czarista se desintegrara. A paz com a Alemanha, embora tenha evitado uma derrota imediata, não alterou a difícil situação. Forças contrarrevolucionárias (guardas brancos) organizavam-se nas áreas periféricas do país, reforçadas por tropas da *Entente*, enquanto os alemães ocupavam grande parte do território. Em março de 1918, ingleses, canadenses e americanos desembarcaram no norte, ocupando Murmansk e Arkangelsk. A partir de abril, japoneses e norte-americanos ocuparam Vladivostok e parte da Sibéria, enquanto forças inglesas penetravam na Ásia Central. Iniciavam-se a Guerra Civil e a intervenção internacional contra a Rússia soviética, que durariam quatro anos e devastariam o país. O Czar Nicolau II e sua família foram transferidos pelos bolcheviques para os Urais. Com o acirramento da guerra civil, temiam que ele pudesse ser resgatado pelos guardas brancos e, em julho de 1918, ele, a esposa e os quatro filhos foram fuzilados e seus restos mortais ocultados.

A rendição da Alemanha agravou a situação, pois suas tropas receberam o reforço de franceses e ingleses na Ucrânia e nos países bálticos. Apesar da situação desesperadora da Revolução em 1919, que controlava apenas a região central da Rússia europeia, eclodiram vários motins nas tropas intervencionistas, pois os soldados estavam fartos da guerra e manifestavam certa simpatia pela Revolução. A *Entente*, então, retirou a maior parte de suas tropas, exceto japonesas e americanas, que continuaram no extremo oriente, mas aumentou seu apoio político e material (armas e dinheiro) aos diversos governos brancos, que enfrentavam os vermelhos.

Na Ucrânia, além dos nacionalistas pró-alemães da Rada e dos guardas brancos contrarrevolucionários apoiados por ingleses e franceses, os bolcheviques tiveram de enfrentar a revolta camponesa liderada pelo anarquista Makhno e os instáveis cossacos. Mas é importante ressaltar que a Revolução Bolchevique havia triunfado na maior parte dos países bálticos (Letônia, Lituânia e Estônia) e fazia parte do governo na Finlândia recém-independente. Foi a intervenção estrangeira, especialmente dos *Freikorps* alemães, que sufocou a revolução, apoiando as forças conservadoras. Segundo a historiografia posterior, as nações bálticas democráticas (de fato, tornaram-se regimes fascistas) teriam sido incorporadas à força pela URSS em 1940 e retomadas em 1945. A esquerda sempre fora forte nessas regiões, particularmente na Letônia e na Lituânia, cuja população continha muitos judeus, anteriormente organizadas no Bund. O famoso cineasta soviético Eisenstein, por exemplo, era letão.

O almirante czarista Kolchak, por sua vez, controlava grande parte da Sibéria; o general Denikin, a Ucrânia; e o general Yudenitch, o Báltico. Eles tentaram avançar em direção a Moscou, para onde a capital havia sido transferida, mas o Exército Vermelho tornara-se eficaz e contava com apoio popular, conseguindo derrotar estes ataques. Os bolcheviques controlavam as ferrovias e deslocavam tropas de uma frente a outra. Mas, no geral, a Guerra Civil não tinha uma frente contínua e definida, com escaramuças confusas, guerrilheiros sem comando que agiam de forma independente e ataques e contra-ataques nas diversas regiões, que mudavam de mãos várias vezes. Quando a Revolução se encontrava em dificuldades militares e hostilizada pelas potências capitalistas, foi fundada em Moscou a Internacional Comunista.

Em face da gravíssima situação econômica e militar, o novo regime lançou o *Comunismo de Guerra*, um conjunto de medidas de militarização da produção e da administração, com vistas a fazer frente à guerra civil. Por causa da inflação, o dinheiro deixou de circular e muitas pessoas das cidades abandonavam suas casas buscando um meio de subsistência na zona rural. Como havia escassez generalizada, o governo recorreu a requisições de alimentos no campo e instituiu um bônus de racionamento, com o qual o trabalho era remunerado (segundo categorias sociais e trabalho executado). Era uma forma de obter uma distribuição equitativa dos poucos recursos. Os camponeses, evidentemente, não gostavam de tais medidas, mas sabiam que, se os revolucionários fossem derrotados, eles perderiam as terras, como aconteceu depois de 1905, e aceitaram a política enquanto ela era inevitável.

Ao mesmo tempo, como uma reação à pressão do capitalismo internacional, os bolcheviques proclamaram que a Revolução era apenas o início de um movimento destinado a varrer a Europa e o mundo. Nesse contexto, em 1919 (ano do máximo isolamento internacional e das maiores dificuldades enfrentadas pelo país) acontecia em Moscou a fundação da III Internacional (*Komintern*), destinada a substituir a II Internacional e a coordenar a ação dos partidos revolucionários de todo mundo. A *Komintern* foi criada em 2 de março de 1919, por Lênin e Trótski, em um encontro que reuniu 52 delegados de 34 partidos comunistas. Com o ataque aos bolcheviques na Guerra Civil e a onda de revoluções pela Europa, a principal preocupação formal da Internacional era apoiar a Revolução onde fosse possível, ou ao menos articular ações contra governos hostis. A dualidade existente entre o *internacionalismo proletário* e o *interesse nacional* era encarada pelos bolcheviques como parte da necessidade da defesa da "Pátria da Revolução".

Em abril de 1920, quando o Exército Vermelho começou a avançar sobre os territórios controlados pelos brancos, a Polônia invadiu a Ucrânia e tomou Kiev, mas suas tropas foram vencidas e perseguidas até a fronteira. A liderança bolchevique então hesitou em continuar o avanço em território polonês, mas finalmente decidiu prosseguir a ofensiva. Contudo, os trabalhadores não os acolheram como "Exército da Internacional", adotando uma perspectiva nacionalista. O Exército polonês, reforçado por unidades francesas, derrotou o Exército Vermelho frente a Varsóvia e, na paz logo celebrada, arrancou mais territórios da Rússia. A Linha Curzon, que passava por Brest-Litovski, fora traçada pela diplomacia britânica e era, aproximadamente, a fronteira étnica entre poloneses, de um lado, e russos e ucranianos, do outro. Foi este território de 200 km de largura que seria retomado pela URSS em 1939.

Além dessa derrota, os bolcheviques observaram que a Revolução refluía na Europa e que eles ficariam sozinhos por muito tempo. Na Sibéria, os soviéticos expandiram sua influência a um Estado-tampão por eles criado, a República do Extremo Oriente (por causa da presença japonesa na região), derrotaram os brancos e perseguiram-nos através da Mongólia em 1921 (que, em 1924, se tornaria uma República popular aliada). A Guerra Civil chegava ao fim, embora na Ásia Central ainda houvesse focos de resistência muçulmana (apoiados pelos ingleses) até meados dos anos 1920. O Ocidente buscou isolar a Revolução Russa no chamado *cordão sanitário*. Como resposta, Moscou buscou apoiar-se politicamente nos vencidos, adotando um política contra o Tratado de Versalhes. A década de 1920 marcou a aproximação russa com a Alemanha, garantindo, assim, a ligação com uma potência industrial. Foram assinados dois tratados; em um deles, garantiu-se a instalação de indústrias bélicas alemãs, inclusive de armas proibidas por Versalhes, em solo russo.

1.5 MONGÓLIA, UMA EXTENSÃO DA REVOLUÇÃO RUSSA

A revolução e a implantação do socialismo na Mongólia ocorreram na década de 1920, como um prolongamento da Revolução Russa. Assim, a Mongólia tornou-se a segunda nação socialista, um país isolado e, depois, um Estado-tampão, firmemente aliado da URSS. Mas, além desse país, houve outro Estado de situação semelhante, quase desconhecido: a República Popular de Tuva.

A REVOLUÇÃO NAS ESTEPES E O SOCIALISMO PASTORIL

A história da Mongólia foi condicionada por sua posição no coração da Ásia e sua localização moderna entre a China e a Rússia. Trata-se de uma vasta região de estepes e desertos, com uma população pouco numerosa dedicada ao pastoreio. Seu território original foi dividido em duas áreas: uma incorporada à China (Mongólia Interior) e outra que recebeu autonomia já naquela época, hoje chamada de República da Mongólia.

Após a proclamação da República chinesa, em 1911, o líder budista assumiu o poder. A desorganização do Estado deu espaço para a influência russa (solicitada por ele), e a Mongólia Exterior passou a se autogovernar. No entanto, a Rússia reconheceu em 1917 apenas uma autonomia limitada. Parte da população mongol vivia na Sibéria russa e muitos mongóis trabalhavam no país. Assim, inevitavelmente, a Revolução Bolchevique de 1917 repercutiu sobre essas populações e sobre o próprio território mongol, pois a guerra civil afetava a região. No mesmo ano, a China enviara um contingente militar, expulso pelos guardas brancos, que reprimiram os mongóis.

Em 1920 surgiu o Partido Popular Mongol, com a fusão de dois grupos que defendiam a nação e os interesses dos pastores, e que se inspiravam na Revolução Soviética. A seguir o país foi invadido pelo barão Von Ungern-Sternberg, da guarda branca do czar, com apoio japonês. Ungern prometeu autonomia frente à China, além de liberdade ao culto lamaísta. Um governo provisório foi estabelecido com Bogd Khan no trono. Em julho de 1921, o Exército Vermelho e tropas mongóis, perseguindo os guardas brancos, entraram no país e os expulsaram. Foi proclamado então um governo popular, com uma monarquia de poderes limitados. Bodoo tornou-se primeiro-ministro e ministro das Relações Exteriores; Sühbaatar seguiu como comandante das Forças Armadas e ministro da Guerra; e Choybalsan tornou-se seu vice.

O período que se estendeu até o II Congresso do Partido (1923) foi conturbado, pois dois grupos oscilavam entre Pequim e Moscou: o nacionalista conservador e o nacionalista revolucionário. Mas aos poucos a União Soviética estabelecia sua influência no partido, que vivia uma disputa pelo poder. Em 1924, após a morte do líder lamaísta Bogd Khan, foi proclamada a República Popular da Mongólia, sob a liderança do Partido Revolucionário do Povo Mongol (PRPM, nova denominação do partido) e com assistência soviética. Contudo, a autonomia mongol durou pouco – até a ascensão de Stálin. No mesmo ano ocorreu o III Congresso, definindo a estratégia de socialização, uma nova via de desenvolvimento e a redução da influência da ala direita.

A economia, basicamente pastoril, foi coletivizada, e os soviéticos desenvolveram a mineração e outros ramos econômicos. Em 1922, havia sido abolida a servidão, concedidos direitos de igualdade às mulheres e eliminados os privilégios da nobreza. A coletivização foi promovida com violência em 1925 para eliminar os nobres feudais e o poder dos monges budistas. Os rebanhos foram confiscados e distribuídos aos mais pobres, mas os médios proprietários mataram parte dos animais para não serem tributados ou confiscados. Ao mesmo tempo, Moscou implantava indústrias de lanifícios e frigoríficos, e desenvolvia a mineração e a infraestrutura do país. A aliança entre Ulan Bator e Moscou era bem-aceita pelo povo mongol, que temia a entrada massiva de agricultores chineses, a reincorporação à China e os efeitos da guerra civil que devastavam a nação vizinha.

Na Mongólia pré-revolucionária havia uma região, Tanu Tuva, que se transformou, por razões diplomáticas, em um pequeno protetorado da Rússia czarista, nas montanhas do Altai, entre a Sibéria e o noroeste mongol. Em janeiro de 1920, durante a Guerra Civil, os bolcheviques retomaram a região aos brancos e, um ano depois, ela se transformou em República Popular de Tuva, não anexada para evitar problemas diplomáticos. No governo local houve um golpe pró-soviético em 1929, que implantou o socialismo e alinhou a nação com Moscou. Em outubro de 1944, aproveitando-se da conjuntura favorável, o Kremlin anexou-a como República autônoma. Afinal, ela somente fora reconhecida pela União Soviética e pela Mongólia.

DA GUERRA RUSSO-JAPONESA À GUERRA FRIA E AO COLAPSO DO BLOCO SOVIÉTICO

Em 1931, o Japão conquistou a vizinha Manchúria e implantou o regime títere do Manchukuo, ameaçando a Mongólia e o leste soviético, onde foi travada uma breve guerra em 1938 (lago Khassan), com a expulsão dos invasores japoneses. Mas a atividade militar japonesa na China e seu projeto de estabelecer o "*Mengukuo*" na Mongólia Interior e na República Popular da Mongólia logo gerou um confronto sobre a reivindicação da fronteira entre a Mongólia e o Manchukuo. O Exército japonês invadiu o leste da Mongólia. Os soviéticos e mongóis contra-atacaram, comandados pelo general Georgi Zhukov com combates aéreos e terrestres de grande envergadura de maio a setembro de 1939, ao longo do rio Khalkhyn Gol. As tropas soviético-mongóis derrotam os japoneses, capturando 80 mil homens.

Após a derrota, os japoneses voltaram-se para a Indochina e para a guerra no Pacífico e, em abril de 1941, o Pacto de Neutralidade Soviético-Japonês foi assinado, no qual o Japão se comprometia a respeitar a integridade territorial mongol. Choybalsan seguiu as diretivas de Moscou, além de suprir a URSS com matérias-primas, alimentos e roupas, e de deixar o Exército mongol mobilizado para apoiar as tropas soviéticas durante a Segunda Guerra Mundial. Em 10 de agosto de 1945 a Mongólia seguiu a URSS, declarando guerra ao Japão. O Exército Popular Mongol lançou uma ofensiva contra as forças japonesas na Mongólia Interior (Operação Gobi-Hinggan) com ajuda soviética e, depois, na Manchúria, saindo vitorioso.

Em agosto de 1945 foi assinado o Tratado Sino-Soviético de Amizade e Aliança, no qual a China reconheceria a independência da Mongólia Exterior, desde que confirmada em plebiscito mongol, o que ocorreu. A URSS apoiou a autonomia mongol com relação à China mesmo após a vitória de Mao Tsé-Tung em 1949, que aceitou a independência. Stálin passou a ser admirado pelo povo mongol, que ergueu uma grande estátua do líder na capital. Choybalsan governou espelhando-se em Stálin até 1952, quando morreu, tendo como sucessor, Tsedenbal.

O primeiro estágio de desenvolvimento foi a "transformação democrática geral" (1921-1940), lançando a *Política da Nova Virada* (1932-1940), de desenvolvimento gradativo, pois a URSS buscava criar um Estado-tampão estável. De 1940 até 1960, a economia mongol foi amplamente diversificada. No final da década de 1950, Ulan Bator já possuía um anel industrial e era responsável por 56% do PIB nacional. Em 1962, o país ingressou no COMECON, aumentando a participação estrangeira no país através de grandes empreendimentos conjuntos, bem como a padronização e a coordenação de planos econômicos. Ao ingressar no COMECON, França, Grã-Bretanha, Finlândia e outras nações ocidentais reconheceram a Mongólia – os Estados Unidos o faria somente em 1987.

Contudo, em 1966, Mao Tsé-Tung iniciou a Revolução Cultural na China, deteriorando as relações com a União Soviética e com a Mongólia. Os trabalhadores chineses saíram e as tropas russas voltaram. Houve a militarização da fronteira sino-mongol e, em 1967, o teste de uma bomba de hidrogênio chinesa levou os soviéticos a criarem um sistema antimíssil no entorno de Ulan Bator. Nesse período, as trocas comerciais e tecnológicas entre URSS e Mongólia cresceram e aceleraram o desenvolvimento econômico mongol. A

Mongólia viveu décadas de grande isolamento, relacionando-se apenas com o bloco soviético, mas em 1961 finalmente ingressou na ONU. Com a *Perestroika*, em 1986, as relações consulares e comerciais com a China foram normalizadas e, no ano seguinte, Moscou iniciou a gradativa retirada de suas tropas da Mongólia.

A desintegração da URSS afetou seriamente a nação, que na década de 1980 passou a ser governada por Jambyn Batmonkh, um reformista pró-Perestroika. Em 1989, o país retomou as relações com a China, mas, em março de 1990, eclodiram protestos e greves de apelo democrático. O clima político levou à criação de novos partidos, mas o PRPM venceu com 60% dos votos. Com a queda da União Soviética, em 1991, o país teve mais autonomia política e econômica, mas o fim dos subsídios soviéticos (30% do PIB mongol) causou graves problemas à Mongólia, que passou por dificuldades de administração sem a ajuda de Moscou. A transição democrática, entretanto, foi pacífica.

2
A REVOLUÇÃO ISOLADA
O Socialismo em um Só País (1921-1947)

A década de 1920 representou o período de reconstrução da economia com a Nova Política Econômica (NEP) e de intensos debates sobre o projeto da Revolução, culminando com a vitória da tese do Socialismo em um Só País e da industrialização e coletivização forçada da agricultura. O triunfo da estratégia de Stálin gerou uma nova sociedade e a implantação de um novo regime político por meio de violentos expurgos no Partido e no Estado. No plano externo, a Segunda Guerra era iminente e a União Soviética fez o possível para se manter fora dela. No entanto, seu ingresso foi inevitável, e a invasão alemã levou a uma guerra de extermínio contra o regime soviético, o Estado e o povo russos. A Grande Guerra patriótica foi um êxito para Moscou, mas a um custo terrivelmente elevado. Permitiu a expansão de sua influência e a aceitação internacional da URSS, mas não impediu o desencadeamento da Guerra Fria.

2.1. A NEP, AS NACIONALIDADES E OS PROJETOS EM DISPUTA

A NEP, A LUTA PELO PODER E OS PROJETOS EM DISPUTA

Durante o inverno de 1920/1921, o Exército Vermelho derrotou as principais forças contrarrevolucionárias e intervencionistas das potências capitalistas. Restavam ainda focos de guerrilha sustentados pelos ingleses no Turquestão, e tropas brancas, japonesas e norte-americanas ainda ocupavam a Sibéria Oriental. Contudo, em breve a agitação na Ásia Central seria aplacada, e a República do Extremo Oriente, reincorporada. Entretanto, o preço da vitória era alto e a situação bastante crítica. A produção declinara, então a população ficara debilitada e os camponeses descontentes. Os efeitos da Revolução foram bem-sucedidos, mas em um cenário de ruínas, em que o povo atingira o limite de sua capacidade física e psicológica. Era necessária uma pausa para refazer-se antes de avançar. A economia se achava paralisada, as ferrovias e demais transportes tinham sido em grande parte destruídos e o parque industrial fora arrasado pela luta ou pela sabotagem.

Para agravar a situação, em 1920/1921 houve uma seca devastadora na região do Volga e a fome atingiu vastas regiões do país, além de desencadear uma epidemia de tifo e cólera, causando 5 milhões de mortes. A isso devem ser acrescentados 4 milhões de baixas na Primeira Guerra Mundial e um milhão na Guerra Civil. Ao lado desses 10 milhões, deve-se contabilizar outros tantos mutilados, que representavam um peso adicional aos sobreviventes. De outra parte, a independência de Polônia, Lituânia, Letônia, Estônia e Finlândia, bem como a cessão territorial à Romênia, à Turquia e à Polônia representavam a perda de 900.000 km^2 economicamente importantes e de 28 milhões de habitantes (a população do império russo alcançava, em 1914, 160 milhões).

Além da redução da força de trabalho, é preciso avaliar o impacto psicológico e político dessa realidade. Os 3 milhões de operários que existiam no início da guerra, e que representavam a força mais ativa da Revolução, praticamente desapareceram como classe (em 1921, restava deles apenas meio milhão). Grande parte havia perecido na Guerra Civil, e os demais passaram a integrar a nova burocracia administrativa ou se deslocaram para o campo em busca de alimento. Nesse meio-tempo, a população de Petrogrado havia diminuído de 2 milhões para 700 mil habitantes. Fora isso, aproximadamente 4 milhões que se opunham à Revolução emigraram (sobretudo funcionários, empresários, comerciantes, administradores, técnicos, médicos, engenheiros e intelectuais). Milhares de pessoas vagavam pelas estradas, e a guerrilha na Ásia Central, depois de abandonada pelos ingleses, foi rebaixada a um simples banditismo, que movimentou a região até o fim da década de 1920.

Afora o caos social, o descontentamento dos camponeses com as requisições de alimentos, a princípio latente, transformou-se em verdadeiras rebeliões em algumas áreas. O triunfo da Revolução de Outubro fora possível graças à aliança operário-camponesa, cujo fundamento *combinava os ideais de uma revolução proletária e de uma revolução burguesa*, sob o comando dos bolcheviques. A primeira, socialista, apoiava-se nos operários urbanos e visava à supressão da propriedade privada; a segunda, capitalista, desejava a extensão e o desenvolvimento da propriedade privada no campo. O campesinato, que aceitou os sacrifícios do Comunismo de Guerra enquanto havia risco de contrarrevolução, recuou para uma economia natural. A vontade de usufruir do *status* de proprietário era agora a tendência dominante.

Nesse contexto tenso, realizou-se o X Congresso do Partido Comunista (bolchevique) em março de 1921. Durante o evento, eclodiu o motim dos marinheiros de Kronstandt, que haviam sido um dos baluartes da Revolução de Outubro. Embora o motim tenha sido reprimido por Trótski, seu impacto político foi decisivo, assustando o governo. Lênin, então, lançou a NEP, como um recuo tático em direção ao capitalismo. A NEP reintroduzia a moeda e o sistema bancário (estatal), o trabalho assalariado, a transmissão hereditária da propriedade, o imposto em vez das requisições, o comércio interno privado, além de privatizar as indústrias com menos de 20 operários e lançar apelos ao capital estrangeiro para a abertura de empresas mistas no país. O Estado mantinha as nacionalizações das grandes organizações, empregando métodos capitalistas de gestão e competição, bem como o monopólio do comércio exterior. A NEP constituía uma política destinada a estimular a produção agrícola e de bens de consumo por meio da iniciativa privada, procurando restaurar a economia, que estava décadas atrasada.

À prostração geral e à oposição crescente aos sacrifícios do Comunismo de Guerra somou-se o isolamento econômico-diplomático do país, imposto pelas potências capitalistas depois do revés da intervenção militar, e os primeiros sinais da derrota da onda revolucionária na Europa Centro-Oriental. Assim, posições como a de Trótski, conclamando à militarização dos sindicatos, à utilização do Exército na economia e à revolução mundial, não encontravam eco na população, apenas a adesão de parte do partido. Mas Lênin conseguiu aprovar no X Congresso a proibição da formação de grupos de oposição dentro do partido. No XI Congresso (1922), Stálin foi eleito secretário-geral do partido, tendo como tarefa depurá-lo para obter maior homogeneidade interna. Seus membros, que haviam aumentado de 25 mil para 700 mil entre 1917 e 1921, caíram para 350 mil. Paralelamente, estreitava-se o controle partidário sobre o Estado e criava-se a GPU – Comissariado do Povo para os Negócios Internos – uma nova polícia política para substituir a *tcheka*.

Quais as razões desse endurecimento, justamente após a vitória da Revolução? A questão central residia no fato de que, apesar da dificuldade geral, o capitalismo sobrevivia no campo e tendia a fortalecer-se, ao passo que a Revolução Socialista era como um fantasma suspenso no vazio. As condições de modernidade, isto é, o operariado urbano e as indústrias modernas, que haviam fornecido o componente socialista da Revolução, ficaram muito debilitadas. O partido-Estado era, em grande medida, a força mais significativa da Revolução Socialista, e a NEP tornava ainda mais incerto o seu futuro.

A NEP, como política que favorecia o camponês, permitiu a rápida recuperação da economia russa, devido ao caráter primitivo da agricultura, que necessitava de modestos investimentos, mas o setor industrial era o mais sacrificado. Ressurgiu gradativamente uma classe rica – os *nepmen* – formada por comerciantes, industriais e especuladores, muitos dos quais remetiam capitais ilegalmente para o exterior. Em Moscou e em outras cidades importantes, voltaram a aparecer boates, cafés-concerto, cassinos, bordéis, com uma ampla camada de criados e serviçais para atender ao consumo suntuário dos *nepmen*.

Apesar dos problemas, o regime conseguiu criar milhares de escolas, sobretudo no campo, instituindo o ensino gratuito até os 12 anos, e ampliou enormemente a estrutura médico-sanitária, causando um grande impacto na recuperação demográfica. Em 1927, a população alcançou 147 milhões, superando a de 1914, com um crescimento de 3 milhões ao ano. A classe operária não voltou a reconstituir-se integralmente, contando com 2,6 milhões de membros. Em compensação, o número de funcionários aumentou de 600 mil para 4 milhões entre 1913 e 1927. Já o ensino médio e superior avançou pouco.

Durante esse período, o Ocidente saudou a NEP como uma volta ao capitalismo, mas manteve o boicote ao intercâmbio econômico, acreditando que a própria dinâmica da política criaria uma situação de tensão que propiciaria a derrocada do regime. Efetivamente, em 1927, a situação tendia a um impasse entre campo e cidade, ou entre a revolução capitalista e a socialista. A produção industrial, sobretudo a artesanal, não havia atingido o nível de antes da guerra, enquanto o abastecimento das cidades encontrava-se ameaçado pelos *kulaks*[2] e

[2] Camponeses ricos do império russo.

comerciantes especuladores, que estocavam alimentos para aumentar os preços. Apenas 6% dos proprietários controlavam 60% dos cereais negociáveis e detinham um poder de fome sobre as cidades, ao passo que 8 milhões de camponeses haviam cedido suas terras e os pequenos fornecedores praticamente foram eliminados do mercado (5% dos camponeses detinham, então, 40% da terra). A NEP atingira seu limite e a nova burguesia rural passava à ofensiva.

Em 1922, acentuaram-se os problemas de saúde de Lênin, decorrentes dos ferimentos sofridos em um atentado dos social-revolucionários no verão de 1918. Um derrame afastou-o de suas atividades políticas. Sua ausência reforçou algumas tendências que se vinham manifestando no partido: a burocratização, o progressivo abandono do debate teórico e a redução do nível político da base militante recém-recrutada. Mas existia uma discussão política intensa e uma experimentação social sobre os objetivos concretos tático-estratégicos. Sem dúvida, a doença de Lênin afetou as atividades do partido. Seu papel ultrapassava de longe o dos demais líderes da Revolução, por causa do prestígio e da autoridade de que gozava, bem como suas qualidades como teórico, político e estadista.

A ele coube o mérito de aclimatar o marxismo às condições russas e de elaborar a estratégia da Revolução. Além disso, representava um elemento de equilíbrio entre os diferentes grupos do partido bolchevique, que, nessa época, era integrado por um setor de militantes cosmopolitas e intelectualizados, em sua maioria de origem pequeno-burguesa, que viveram a maior parte do tempo exilados no exterior, antes da Revolução (como Trótski, por exemplo).

Um segundo grupo era majoritariamente constituído por operários e, em menor medida, por pequenos burgueses e camponeses; tinham em comum certa limitação teórica e uma militância praticada dentro do país, executando tarefas difíceis e vivendo nas mais duras condições de clandestinidade (como Stálin). Finalmente, havia os militantes oriundos da espontaneidade, que aderiram ao ideal revolucionário durante ou depois da Revolução, os quais apresentavam um modesto nível teórico e político. Lênin representava a síntese dos dois primeiros grupos.

A doença não o impediu de tomar algumas providências para atenuar os fenômenos que se manifestavam no partido. Em seu *testamento político*, sugeriu a ampliação do Comitê Central como forma de evitar uma divisão interna e atenuar o confronto entre as personalidades partidárias mais marcantes (intuía que o risco desse conflito seria maior entre Trótski e Stálin). Seu testamento foi cáustico a propósito de seus prováveis sucessores:

> O camarada Stálin, convertido em secretário-geral, concentrou em suas mãos um poder ilimitado, e não estou seguro de que saiba utilizá-lo sempre com prudência suficiente. Por outro lado, o camarada Trótski, como já o demonstrou sua luta contra o C.C. no problema do Comissariado do Povo para as vias de Comunicação, não se destaca apenas por suas capacidades eminentes. Pessoalmente talvez seja o homem mais capaz do atual C.C., porém é também presunçoso em excesso e se apaixona em demasia pelos aspectos puramente administrativos do trabalho. [...] Conformar-me-ei em recordar que o episódio de outubro, de Zinoviev e Kamenev, não foi por certo um fato acidental, que, entretanto, não se lhes pode imputar como delito pessoal, ocorrendo o mesmo com o bolchevismo de Trótski. [...] Bukharin não é apenas o teórico mais valioso e destacado do partido [...]. Entretanto, seus conhecimentos teóricos só podem ser considerados [...] marxistas, com a maior reserva, porque há nele algo de escolástico – não estudou nunca e creio que jamais entendeu completamente a dialética. [...] Stálin é demasiado grosseiro, e este defeito [...] torna-se intolerável nas funções de secretário-geral. Portanto, proponho aos camaradas que reflitam sobre o modo de deslocar Stálin deste cargo e nomear outra pessoa que tenha sobre o camarada Stálin uma única vantagem: a de ser mais tolerante, mais leal, mais cortês e mais atento para com os camaradas, de humor menos caprichoso.

A cúpula do partido (que incluía Trótski) decidiu não publicar ou divulgar o documento. A hipertrofia do partido respondia às necessidades internas e externas de defesa da Revolução. Nesse sentido, um autor insuspeito como Isaac Deutscher admitiu que às fortalezas sitiadas é impossível desenvolver uma ampla democracia. O partido único, por sua vez, decorreu da atitude dos demais partidos que não aderiram à Revolução e de uma necessidade histórica depois da Guerra Civil. De forma alguma fora premeditado. Todavia, alguns mencheviques, individualmente, e a ala esquerda dos SR se juntaram aos bolcheviques.

Contudo, não se pode deixar de mencionar que o Partido Bolchevique apresentava tendências intrínsecas ao autoritarismo. Um pequeno partido de revolucionários profissionais, que lutou duramente na clandestinidade, tornou-se uma organização quase militar. A Guerra Civil criou uma tensão na vida social quase a ponto de acarretar uma ruptura, reforçando a atitude do partido, que, durante a NEP, teve de responder a desafios também difíceis. O enquadramento de todos os movimentos espontâneos (a exemplo do movimento camponês liderado pelo anarquista Makhno e dos movimentos de guerrilheiros, como o liderado por Tchapaev) vinculava-se à desconfiança em relação a todas as forças autônomas ou de orientação incerta. O ideal de organização e o declínio da crítica e da discussão teórica completavam o quadro do partido na nova situação, em que deveria gerir o Estado e defender uma Revolução que se encontrava acuada. O Partido Comunista tornava-se uma fortaleza dentro de uma fortaleza cercada: a União Soviética.

Em 1923, em meio a um intenso debate político, travou-se a primeira batalha pela sucessão partidária. A oposição operária (Trótski, Piatakov e Preobrajenski) atacou a NEP e defendeu o operariado, apoiando-se, sobretudo, na juventude e em setores do Exército e do partido. Stálin, Zinoviev e Kamenev, arvorando-se em defensores da "pureza leninista" e apoiando-se nos quadros regionais do partido e no campesinato, defendiam a NEP. As teses da oposição operária foram derrotadas, entre outros fatores, pelo descrédito causado pela política de Trótski de militarização do trabalho, dois anos antes. Em janeiro de 1924, Lênin morreu e Stálin aproveitou, em benefício próprio, o culto ao "pai da Revolução". Paralelamente, ele realizava uma campanha de recrutamento para o partido que introduzia 240 mil novos membros. Trótski, com seu ardor revolucionário, sua retórica inflamada e sua solidez teórica, fez da tribuna e da cúpula partidária seu campo de luta. Stálin, teoricamente mais limitado e grosseiro, mas com aguçado instinto político, prudência e talento organizativo, procurou ganhar as bases do partido, no qual era responsável pelas atividades materiais.

Em 1925, Trótski foi deslocado do Comissariado da Guerra para cargos inferiores, ao passo que Stálin, defendendo a política camponesa, vencia Kamenev e Zinoviev, que contra ele se haviam voltado. Estes se aliaram a Trótski no ano seguinte, criticando a NEP e propondo a industrialização e a *Revolução permanente*. Stálin, Rikov e Bukharin defenderam a política camponesa da NEP, tendo o último bradado o *slogan* "*Kulaks*, enriquecei-vos". Contra ele, Preobrajenski lançou a tese da *acumulação socialista* sobre a agricultura de modo a financiar a industrialização (política futuramente adotada por Stálin e pelo próprio idealizador). No XIV Congresso, em 1925, Stálin havia formalizado a teoria do *Socialismo em um Só País*, argumentando que, por causa do insucesso da Revolução no Ocidente, a União Soviética teria de construir as bases econômicas do socialismo mediante um esforço próprio. O que poucos perceberam foi que a ideia da industrialização fazia parte dessa concepção, contradizendo a posição pública do próprio Stálin na época.

Em 1927, a oposição continuou ativa e chegou a organizar manifestações contra Stálin em Leningrado (nova denominação de Petrogrado, após a morte de Lênin) e em Moscou durante as comemorações do décimo aniversário da Revolução Bolchevique. No XV Congresso (1927), Trótski, Kamenev e Zinoviev foram expulsos do partido (Trótski partiu para o exílio em 1929 e os outros foram reintegrados em funções subalternas). Esse mesmo congresso completou a conexão do partido com o Estado, assim Stálin pôde concretizar sua vitória: a dos militantes internos contra os cosmopolitas, que acabaram subordinados aos primeiros. A situação social e política do país tornava Stálin e seu grupo os mais aptos para o exercício do poder; a oposição, por seu turno, fracassava por centrar sua luta em teses abstratas, desligadas das necessidades imediatas. Não foi gratuito ou maquiavélico o triunfo de Stálin e seus correligionários sobre homens intelectualmente mais bem-preparados como Trótski. A maioria dos membros do partido temia suas ideias extremas acerca da Revolução Permanente e considerava Stálin o único capaz de derrotá-lo. Além disso, a conjuntura urgia que providências fossem tomadas, uma vez que, enquanto o partido arrastava-se na luta pela sucessão, o *kulak* começava a articular uma verdadeira contrarrevolução. A virada política nos anos seguintes seria radical.

Quem então vencera a disputa sucessória? Stálin, que significa "de aço", era o codinome de Josif Vissarionovich Djugashvilli (chamado de Koba, quando jovem militante). Nascido em 1879 em Gori, na Geórgia, numa casa de um cômodo só, era o único filho sobrevivente de um sapateiro ex-servo, bêbado e violento e de uma religiosa e analfabeta, à qual era muito ligado na infância. Ela desejava que o filho seguisse a carreira religiosa, e ele estudou no Seminário Ortodoxo de Tiflis, mas, apesar de ser inteligente, foi expulso por envolver-se em atividades políticas. Defendeu a causa intensamente na clandestinidade, foi preso e enviado à Sibéria, de onde sempre fugia. Em 1917 foi nomeado Comissário das Nacionalidades, pois era o único dirigente oriundo de uma nação alógena. Teve responsabilidades militares durante a Guerra Civil e, em 1922, alcançou o cargo de secretário-geral do partido. Escreveu, a pedido deste, a obra *O marxismo e o problema nacional*, para combater as teses revisionistas do austro-marxismo[3] sobre a questão das nacionalidades, que era vital para a nova Rússia.

A QUESTÃO NACIONAL E A FORMAÇÃO DA URSS

O V Congresso dos Sovietes, em julho de 1918, proclamou a República Socialista Soviética Federada Russa (RSSFR), em que as nacionalidades ganhavam autonomia cultural. Em 1921 eram recuperados territórios ocidentais e meridionais e, em 1922, os remanescentes da contrarrevolução no Cáucaso e na Sibéria Oriental foram derrotados, assim a Transcaucásia e a República do Extremo Oriente voltaram a integrar o território soviético. Mas a Ucrânia, a Geórgia e a Armênia haviam sido reconhecidas por diversos países europeus e não podiam, simplesmente, ser reanexadas. A estratégia empregada foi estimular os bolcheviques locais a torná-las socialistas e soviéticas para, então, assinarem tratados de adesão à RSSFR, integradas pelo partido, pelo Exército e por comissões especiais.

Ao mesmo tempo, a NEP propiciava a rearticulação do espaço nacional, os transportes e as comunicações voltavam a funcionar e a administração era recriada, com uma nova Constituição. Como Lênin ficara parcialmente incapacitado pelo derrame, Stálin articulava o processo de institucionalização, o que fez surgir uma divergência entre ambos. Lênin visava a uma "união aberta" de repúblicas com igualdade, para que, conforme ocorressem novas Revoluções na Europa e na Ásia, as novas nações socialistas pudessem aderir. Sugeriu a denominação "União das Repúblicas Soviéticas da Europa e da Ásia" (Medvedev & Medvedev, 2006, p. 245). Stálin considerava esse enfoque romântico e inviável, pois carecia de uma base nacional aglutinadora. De fato, é difícil imaginar que a China, por exemplo, se juntasse a essa suposta nação supranacional - uma espécie de "Revolução Semipermanente", típica do entusiasmo inicial da Revolução Soviética.

---

3 Escola de pensamento marxista que se desenvolveu em Viena de fins do século XIX a 1934, tendo como expoentes Adler, Bauer, Hilferding e Renner, alguns deles seguidores do revisionismo de Karl Kautsky. Adler procurou associar o materialismo histórico com um viés neokantiano. Estudaram a questão nacional na perspectiva do Império Áustro-Húngaro e contribuíram para uma versão moderada do marxismo, que se chocou com o leninismo e foi esmagada pelo fascismo austríaco.

Houve uma solução de compromisso, com a criação da União das Repúblicas Socialistas Soviéticas, em 30 de dezembro de 1922, como Estado federal integrado por Rússia, Ucrânia, Bielorrússia e Transcaucásia (depois subdividida em Geórgia, Azerbaijão e Armênia). Posteriormente ascenderam à condição de repúblicas federadas o Uzbequistão e o Turcomenistão (1924), o Tajiquistão (1929) e o Cazaquistão (1936). Existiam ainda 22 repúblicas autônomas e 12 distritos nacionais para populações menos numerosas. Em 1945 a estrutura finalmente estava completa, com 15 repúblicas federadas; Quirguistão, Moldávia, Lituânia, Letônia e Estônia se somaram às demais. Havia quatro grupos étnicos principais: os indo-europeus (eslavos, armênios e alemães, que formavam 75% do total), os altaicos (turco-tártaros, mongóis), os uralianos (finlandeses, carelios, komis, nenets) e os caucásicos (georgianos e outras minorias do Cáucaso).

URSS: repúblicas (1945)

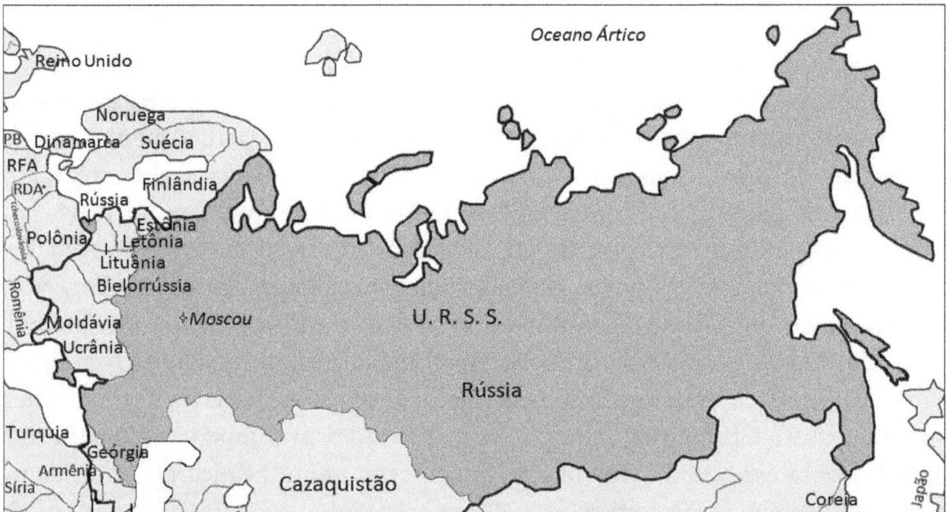

— Limites da URSS
Rússia

Autor: Paulo Visentini.
Cartografia: Camilo P. Carneiro (2016).

A União ficaria responsável pelos seguintes fatores: defesa externa, segurança interna, diplomacia, planejamento econômico, transporte e comunicações. Já as Repúblicas Federadas administrariam a justiça, a educação, os assuntos internos, a propriedade da terra, a saúde e a assistência social. Criou-se uma segunda Câmara Legislativa – o Soviete das Nacionalidades –, com representação igualitária de todas as repúblicas. Assim, a estrutura institucional permitiu a industrialização acelerada e a criação do Homem Soviético supranacional. Apesar do elevado grau de centralização e de o direito à secessão ser apenas teórico, ocorreu um verdadeiro florescimento cultural e econômico dessas nacionalidades, muitas das quais puderam, após séculos de opressão causada pela russificação forçada do czarismo, voltar a empregar livremente seu idioma.

ENTRE A COEXISTÊNCIA PACÍFICA E A REVOLUÇÃO INTERNACIONAL

No início da década de 1920, com a Revolução precariamente consolidada e sofrendo com o isolamento diplomático, a Rússia soviética buscava uma acomodação com o Ocidente, processo que Lênin denominou "*coexistência pacífica*". A Internacional Comunista lançou a Política de Frente Única em vez dos chamamentos revolucionários, substituindo a estratégia do assalto pela do assédio. Entretanto, o Congresso dos Povos do Oriente (1923), realizado em Baku, demonstrou que, da perspectiva soviética, a Revolução bloqueada no oeste fermentava no leste colonial e semicolonial. As revoltas e agitações anticoloniais na Ásia e no norte da África, aliadas à Revolução Chinesa em desenvolvimento, reforçavam as convicções bolcheviques. No entanto, a realidade dominante era, sem dúvida, a perspectiva de uma longa transição em coexistência com o capitalismo.

Por outro lado, o Ocidente adotara uma política de isolamento da Revolução por meio do *Cordão Sanitário* – aliança diplomática dos países europeus que faziam fronteira com a União Soviética, apoiada pelas potências capitalistas. O fracasso da contrarrevolução e da intervenção armada conduzira as nações ocidentais a adotar uma política de longo prazo, acreditando que o bloqueio internacional, a pretexto de impedir a "exportação da Revolução", arruinaria a economia soviética e criaria condições políticas para a derrubada do regime. O recuo ocorrido com a NEP reforçou essa percepção. Sob esse ângulo, a URSS procurou uma aproximação comercial com os países economicamente fortes, como o acordo comercial firmado com a Grã-Bretanha, tentando romper o bloqueio econômico, e buscou apoiar os vencidos na Primeira Guerra, adotando, para tanto, uma política anti-Versalhes.

A situação da Alemanha de Weimar fez desse país o principal alvo da política externa soviética. As duas "ovelhas negras" da política mundial do pós-guerra iniciaram uma aproximação em 1921, formalizada pelo Tratado de Rapallo, celebrado em 1922 entre ambos os países. O tratado estabelecia relações diplomáticas entre Berlim e Moscou, bem como permitia a instalação, na URSS, de fábricas alemãs de armamento e o treinamento militar nas armas proibidas pelo Tratado de Versalhes, como tanques e aviões. Os soviéticos, além do comércio, recebiam parte da produção e tinham seu Exército adestrado nas novas armas. Na verdade, o que eles obtiveram foi uma conexão mais sólida com uma potência industrial, o que, por outro lado, dificultava qualquer iniciativa para a formação de uma coalizão antissoviética, possibilidade sempre considerada e temida pela URSS.

A nova política externa soviética conduzida pelo Narkomindel (Comissariado do Povo para Assuntos Exteriores), liderado por Tchitcherin desde 1918, muitas vezes entrava em conflito com a da *Komintern*. Entretanto, na década de 1920, durante a estabilização relativa do capitalismo mundial, a primeira tendência predominou. As relações econômicas exteriores mantiveram-se estáveis, ainda que em níveis modestos, ao passo que as relações políticas, especialmente com os vencedores da guerra, foram precárias e sujeitas a violentos retrocessos e rupturas. O Ocidente não reconhecera a Revolução, considerada um corpo estranho no sistema internacional. Porém, a debilidade da União Soviética e a recuperação mundial naquela década criavam uma situação em que tornava possível um precário equilíbrio. Nesse ínterim, era travada uma guerra de propaganda anticomunista e antissoviética, apoiada pelo Vaticano e pelas grandes potências, o que acentuava o isolamento da URSS em outros planos.

Paralelamente, a União Soviética procurava consolidar suas fronteiras asiáticas. Em 1919, o Afeganistão foi o primeiro país a reconhecer o regime soviético, e em seguida a Pérsia e a Turquia republicana. Por outro lado, um exemplo das sutilezas da diplomacia soviética foi a criação da República do Extremo Oriente em 1920 (como democracia liberal). A presença de tropas japonesas na costa do Pacífico e na Sibéria Oriental levou a Rússia Soviética a articular a criação deste Estado-tampão, que abrangia a região compreendida entre o lago Baikal e o Pacífico. Quando as condições permitiram, o Exército Vermelho e as guerrilhas expulsaram os exércitos *brancos*, e os japoneses abandonaram a região. Na perseguição aos contrarrevolucionários, as forças soviéticas penetraram na Mongólia, onde ajudaram a esquerda local a proclamar no país uma república popular.

A partir da Mongólia e do Extremo Oriente soviético, a Rússia bolchevique conseguiu estabelecer contato direto com o movimento revolucionário chinês, apoiando o governo de Sun Yat-Sen, sediado em Cantão. O país achava-se convulsionado e dividido entre *senhores da guerra* que lutavam entre si, apoiados por potências imperialistas rivais. Os soviéticos organizaram a Academia Militar de Whampoa para adestrar o Exército do Partido Nacional (*Kuomintang*), pressionando o jovem Partido Comunista da China (PCCh) a apoiá-lo. Com a morte de Sun Yat-Sen, Chiang Kai-Chek assumiu a direção do *Kuomintang*. Entretanto, à medida que seus objetivos *nacionais* eram atingidos, maior era a rivalidade com o PCCh. Kai-Chek massacrou os comunistas em Cantão em abril de 1927. O Partido Comunista da China, depois de provocar um desastre ao se atrelar aos nacionalistas – uma imposição do *Komintern* –, adotou uma estratégia "heterodoxa" com Mao Tsé-Tung e Chu Teh, transferindo o eixo da luta revolucionária para o campesinato, retirando-se das cidades e criando sovietes camponeses no sul da China.

Na Europa, o Partido Comunista alemão recusou-se a formar uma aliança com o Partido Social-Democrata (PSD), e Hindenburg, candidato da direita nacionalista anti-Versalhes, foi eleito presidente em 1925. Essa atitude deveu-se à aproximação do PSD com o Ocidente, o que afastaria Berlim de Moscou. O Pacto de Locarno, assinado no fim do ano, criando bases para uma aproximação entre vencedores e vencidos da Primeira Guerra Mundial, confirmou a apreensão soviética.

Em 1926, a Alemanha foi convidada a ingressar na Liga das Nações, diretamente no Conselho de Segurança, na vaga cobiçada pelo Brasil, que se retirou da organização. No mesmo ano, o golpe de estado na Polônia reforçou ainda mais o temor da URSS, que reagiu assinando o Tratado de Berlim com a Alemanha, ratificando, assim, o espírito de Rapallo. Entretanto, isso era insuficiente para afastar os maus presságios. Chamberlain, um dos mentores do Pacto de Locarno, conduzia da Grã-Bretanha uma nova onda de hostilidade contra a União Soviética. A greve geral britânica de 1926, apoiada pelo *Komintern*, forneceu o pretexto desejado pelos adversários para intensificar o isolamento de Moscou. Completava-se o fracasso da diplomacia moderada do Kremlin e crescia o temor do desencadeamento de uma nova guerra.

Ao mesmo tempo, na URSS, Stálin consolidava seu poder e promovia uma guinada para a esquerda: luta contra os direitistas do partido (Bukharin) e da sociedade (*kulaks* e *nepmen*), fim da NEP e lançamento do I Plano Quinquenal de industrialização. A conjuntura interna e mundial levou o partido a anunciar o início do *terceiro período da crise geral do capitalismo*, que propiciava uma Revolução, mas também fomentava a guerra. No ano seguinte, eclodiu a Crise de 1929. Stálin passou, então, a controlar a Internacional Comunista utilizando-se de intermediários e instruiu seu VI Congresso (1928) a adotar a tática ultraesquerdista de *classe contra classe*, atacando a social-democracia como entrave à Revolução (rotulou-a de *social-fascista*). Essa política produziu resultados catastróficos na Europa, pois foi essa apreciação equivocada que contribuiu para a ascensão de Hitler. Por outro lado, a social-democracia alemã também subestimou o nazismo e persistiu em sua hostilidade aos comunistas, iniciada quando sufocara a Revolução Espartaquista em 1919.

2.2. A SEGUNDA REVOLUÇÃO: COLETIVIZAÇÃO AGRÍCOLA E INDUSTRIALIZAÇAO

A GRANDE VIRADA E O I PLANO QUINQUENAL

Pressionada por fatores externos e internos, ao mesmo tempo que temia o desencadeamento de uma guerra contra a URSS e a crescente força econômica dos camponeses médios e ricos, a direção do Partido Comunista realizaria uma virada radical. Stálin e o grupo de revolucionários internos (ou nacionais) consolidaram seu poder após derrotar a oposição. O VI Congresso da Internacional Comunista abandonou a Política de Frente Única, partindo para uma tática ultraesquerdista de *classe contra classe*. Nesse contexto, Stálin ressaltou a urgência da industrialização acelerada do país - no prazo de uma década -, elemento necessário à construção das defesas nacionais. O lançamento do I Plano Quinquenal de desenvolvimento (1928-1933) tornou possível a sua realização. A análise e a política então oficializadas por Stálin denotavam um tom apocalíptico, levando os críticos a ridicularizá-las. Entretanto, um ano depois, a Crise de 1929 deflagrou a Grande Depressão do mundo capitalista e uma das fases mais convulsionadas do mundo contemporâneo, que desencadearia a guerra mais sangrenta da história da humanidade.

No inverno de 1927/1928, agravou-se a crise de abastecimento de trigo às cidades. Os *kulaks* e os comerciantes privados detinham um verdadeiro poder de fome sobre os centros urbanos e começavam a atuar com o objetivo de ampliar seu poder econômico e político. O governo tomou várias medidas na tentativa de controlar os preços, mas os *kulaks* reagiram, mostrando sua determinação. Foi então que Stálin tomou a decisão de dar o passo decisivo para a coletivização da agricultura, pois defrontava-se com um problema triplo: o abastecimento alimentar das cidades, a possibilidade de restauração do capitalismo em decorrência da crescente força dos *kulaks* e a necessidade de promover a acumulação socialista primitiva para financiar parte da industrialização e obter mão de obra para as fábricas (cuja exploração completaria o financiamento da industrialização).

O governo sabia que era impossível obter qualquer progresso com uma economia agrária de subsistência, além dos graves riscos de um restrito operariado industrial se encontrar ilhado em um mar de proprietários rurais. Assim, Stálin atacou os membros da direita do partido e desencadeou a coletivização agrária, visando modernizar o setor e "eliminar os *kulaks* como classe" (isto é, confiscar suas propriedades). Para tanto, emprega o partido, o Estado e os operários, procurando, ao mesmo tempo, apoio dos camponeses pobres contra os ricos.

Sobre essa guinada política, Isaac Deutscher afirma que,

> para o historiador, seria muito fácil julgar indevidamente Stálin, vendo sua luta contra Bukharin, Rikov e Tomski nada mais do que uma ambição pessoal. Mas não foi isto que aconteceu. As ambições do líder não eram os únicos nem os mais importantes elementos que se encontravam em jogo naquela altura. Nos meses de grande tensão entre 1928 e 1929, decidia-se todo destino da Rússia soviética[4].

Os *kulaks* reagiram com vigor, matando agentes governamentais e mobilizando grande parte dos pequenos e médios camponeses que resistiram à coletivização. Sentindo o risco de perder o controle da situação, o governo montou uma verdadeira operação de guerra, confiscando os bens tanto dos camponeses abastados quanto dos médios e transferindo suas propriedades para as novas cooperativas *(kolkhozes)*. Esse conflito transformou-se em uma verdadeira segunda guerra civil, logo adquirindo um dinamismo próprio, uma força imprevisível e uma extensão difícil de controlar.

---

[4] Deutscher, Isaac. **Stalin**. *A História de uma Tirania*. Rio de Janeiro, Civilização Brasileira, 1970. v. 1. p. 286.

A eliminação dos *kulaks*, isto é, a deportação de famílias e aldeias inteiras, em pleno inverno, uma ampla massa humana para campos de trabalho localizados em zonas inóspitas e despovoadas, onde o Plano Quinquenal instalava novos polos econômicos, deixou um trágico balanço difícil de avaliar (McDermott, 2006, p. 75). Entre 2 milhões e 4 milhões de pessoas morreram por causa da fome, da repressão ou do frio e da insalubridade nas novas fronteiras econômicas. As dimensões desse fenômeno, contudo, não podem ser explicadas apenas como fruto do caráter repressivo do sistema ou da crueldade de Stálin. Por mais perversa e autoritária que fosse sua forma, tratava-se de uma Segunda Guerra Civil, o *confronto entre a revolução socialista e a revolução capitalista*, que vinham coexistindo desde 1917, situação que, durante a NEP, chegara a pender para o lado da pequena burguesia agrária.

A coletivização conseguiu destruir os *kulaks* como classe e fez o setor cooperativo tornar-se dominante, ao mesmo tempo que se procurava ampliar os *sovkhozez* (fazendas estatais) nas zonas menos povoadas. Entretanto, se, no plano estratégico, a situação estava encaminhada, os problemas imediatos eram terríveis. O modo pela qual o movimento de coletivização foi desencadeado fez muitos dos camponeses pobres, que teriam materialmente a ganhar ingressando nas cooperativas, se opusessem a ele. A confusa consciência social, a insuficiência dos meios materiais (sobretudo tratores) e técnicos, além do próprio voluntarismo e arbitrariedade que marcavam o processo fizeram os agricultores destruírem a maior parte do gado e das colheitas, ingressando nas cooperativas sem posses materiais e psicologicamente ressentidos, acentuando os traços negativos de personalidade de *mujik* russo[5] e mantendo baixo o rendimento da agricultura.

Certamente a Igreja Ortodoxa e os *kulaks* tinham algo a ver com a reação do *mujik*. Nos primeiros tempos, houve falta de alimentos, mas os objetivos políticos haviam sido alcançados. Após o primeiro ímpeto da coletivização, Stálin deu um tom de moderação e arrefecimento ao processo, enquanto fazia concessões ao camponês kolkhoziano. A retomada da coletivização foi mais moderada e integrada à expansão do setor industrial, para a entrega dos tratores (organizados em Estações de Máquinas e Tratores), que eram alugados pelo governo às cooperativas. Há uma grande polêmica sobre os meios, os custos e até mesmo sobre a necessidade da coletivização. Dificilmente esta po-

[5] Camponês da Rússia pré-revolucionária, pobre, rude e inculto.

deria ter sido postergada ou evitada, considerando-se tanto o contexto interno quanto o externo. Quanto aos meios e custos, eles poderiam ser mais brandos, mas não se deve esquecer que se tratava de uma guerra civil.

O planejamento, por seu turno, era um motor econômico oposto ao mercado capitalista, pois tentava fazer uma *previsão voluntária* e um *desenvolvimento equilibrado e controlado*. Se o progresso econômico recebia prioridade, era como condição necessária ao progresso social. Tanto por suas características quanto pela ausência de uma classe empresarial, o plano assumia a forma tecnoburocrática e centralizada, ainda que atendendo a objetivos sociais de longo prazo. Em poucos meses surgiram complexos industriais em regiões nas quais anteriormente sequer havia estradas. Os conglomerados estatais priorizaram a indústria pesada, sobretudo siderurgia, máquinas e eletricidade, além de mineração e exploração de petróleo. A previsão de um salto gigantesco na produção esbarrou em muitos problemas: falta de tecnologia, investimentos externos, técnicos e mão de obra.

Assim, lançou-se mão de "estímulos econômicos" à produção (gerando desigualdades) e do trabalho forçado dos prisioneiros políticos. Tratava-se de um esforço gigantesco, em meio à transformação social, econômica e político-cultural à escala de um continente. Entretanto, se o resultado da *Revolução pelo alto* na agricultura havia sido a queda da produção (nos primeiros anos), no tocante à indústria o esforço fora coroado com êxito. Certamente boa parte dos números obtidos ficavam abaixo dos exagerados objetivos iniciais, os desequilíbrios setoriais eram acentuados e a produção de bens de consumo mantinha-se estagnada.

Contudo, apesar da inexperiência da concepção e da aplicação do I Plano Quinquenal, a Rússia soviética não era mais a mesma da época da NEP. O impulso inicial fora dado e novas regiões industriais surgiram na Ásia Central, na Sibéria e nos Urais, enquanto o país havia adquirido uma infraestrutura indispensável a um desenvolvimento mais harmônico nos planos subsequentes. A importância teórico-prática do planejamento econômico como mecanismo de gestão macroeconômica pode ser avaliada por sua utilização nas economias capitalistas (ainda que parcial) para superar a Grande Depressão.

Também no tocante à industrialização, existe uma grande polêmica: a Revolução Soviética foi obrigada a assegurar o desenvolvimento que o capitalismo deveria ter promovido, ao mesmo tempo em que realizava uma mudança de tipo socialista na área sociocultural – uma contradição que marcaria a economia e a sociedade soviéticas. Não se pode, contudo, deixar de considerar o contexto internacional da industrialização e da própria Revolução pelo alto. O período de recuperação relativa do capitalismo mundial entre 1924 e 1929 correspondera ao da ascensão de Stálin na URSS. A Crise de 1929 e a Grande Depressão lançaram as economias capitalistas numa recessão sem precedentes, com todas as consequências sociais, políticas e ideológicas. O capitalismo em crise, então, perdia a moderação da década de 1920 e tornava-se internamente mais repressivo e externamente mais agressivo. As previsões de que a União Soviética teria curta existência, formuladas durante a NEP, acalmavam então as potências capitalistas. Mas, na década de 1930, a situação se inverteu: o país se industrializava enquanto o capitalismo liberal entrava em convulsão.

O Socialismo em um Só País, "uma necessidade transformada em virtude" (Deutscher, 1970, v.1, p. 263), representava neste contexto uma forma de mobilização interna e de reforço da defesa externa. A industrialização soviética realizaria em uma década a transformação que a Revolução Industrial na Inglaterra levara mais de um século para alcançar. Mas este dado é ainda incompleto, pois a União Soviética não possuía os mercados externos para a acumulação, como os ingleses, nem o capital, os técnicos e a tecnologia estrangeira empregada satisfaziam sequer 10% das necessidades soviéticas. Tratava-se da superposição simultânea de diversas tarefas históricas. O socialismo se mostrava um sistema viável, contrariando as expectativas de muitos analistas. No plano internacional, o stalinismo procurava desengajar a URSS do conflito que se avizinhava, para salvar a Revolução, na tentativa de manter o *status quo*, e não "exportando a Revolução". A Internacional Comunista conclamava o operariado mundial a defender acima de tudo o primeiro Estado operário.

A decisão de adotar a estratégia do *Socialismo em um Só País* merece algumas considerações, dada a forma como é apresentada: uma "traição a princípios cosmopolitas". Em primeiro lugar, por ser apenas parte de uma transição maior, que prosseguiria quando as condições históricas fossem alteradas. Tratava-se de uma iniciativa fundamental de manter e construir uma sociedade de novo tipo, apesar de determinadas condições internas e externas serem perigosas. Mas era um risco calculado e razoável, pois a Revolução Russa detinha alguns instrumentos importantes, como um território imenso, uma população numerosa e uma posição geopolítica com um distanciamento geográfico fundamental (o que faltava às outras nações revolucionárias).

De acordo com Keeran e Kenny (2008, p. 252),

> Marx teria provavelmente aprovado a aposta. Afirmou ele uma vez: 'A história seria, aliás, muito fácil de fazer se a luta fosse empreendida apenas sob a condição de probabilidades infalivelmente favoráveis.' Em todo caso, é duvidoso que o final do desaparecimento da URSS tenha invalidado a tentativa de construir o Socialismo em um Só País. O socialismo se desenvolve de país a país porque o capitalismo se desenvolve de modo desigual. Como Lênin observou, 'a história não foi amável ao ponto de nos dar a Revolução Socialista em todo lado'. O desenvolvimento desigual significou que, em 1917, o capitalismo quebrou pelo seu elo mais fraco.

O IMPACTO SOCIAL DA COLETIVIZAÇÃO E DA INDUSTRIALIZAÇÃO

O II Plano Quinquenal (1933-1937) procurou corrigir os erros e as deformações do primeiro, bem como atingir objetivos mais realistas. Assim, a *Gosplan* (Comissão Estatal de Planejamento) visava obter 50% de aumento na produção agrária e 100% na indústria leve, o que representava uma atenção especial em relação aos bens de consumo individual, apesar de a prioridade continuar com a produção de bens de capital. Para a realização dessas metas, o Partido Comunista lançou mão de uma intensa campanha de propaganda para mobilizar a população no cumprimento do plano. As juventudes comunistas *(komsomols)* constituíram um elemento-chave nesse processo. O atraso tecnológico em muitos setores levou o regime a intensificar a chamada "emulação socialista", como foi o caso do fenômeno *stakhanovista*, uma espécie de taylorismo nas condições russas[6]. Desta vez o resultado do plano ultrapassou ligeiramente as metas propostas. Os últimos anos do plano anterior haviam coincidido com uma liberalização do regime. Agora o racionamento alimentar fora abolido. A recuperação da produção para o consumo permitiu certo desenvolvimento do comércio local e inter-regional.

---

[6] "Stakhanov é um mineiro do Donbass que em 1935 consegue extrair, em um tempo determinado, quatorze vezes mais carvão que seus camaradas. À diferença do *udarnik*, que produz muito sem reflexão, o stakhanovista é um trabalhador que reflete sobre seus métodos e os objetivos de seu trabalho. Ele busca um melhor rendimento, trabalha inteligentemente. Ele sabe que o progresso da produção que resulta beneficia a sociedade inteira. O trabalhador socialista deve ser um stakhanovista, e Stakhanov (...) irá explicá-lo através da Rússia". (TROTIGNON, Yves. Op. cit., p. 98) [tradução do autor]

O III Plano Quinquenal (1938-1942), embora fosse ambicioso, procurou privilegiar os aspectos qualitativos do desenvolvimento: melhoria da gestão, da produtividade do trabalho, da eficácia dos transportes e da técnica agrícola. Ainda que priorizando a eletricidade e a indústria química, a *Gosplan* pretendia aumentar o consumo popular entre 50% e 100%, conforme os produtos. Um imposto progressivo sobre a parcela individual limitava em parte as concessões ao camponês kolkhoziano. Mas o plano, alterado desde o início por conta da degradação da situação mundial, seria interrompido quando da eclosão da Segunda Guerra Mundial, e suas propostas só viriam a ser retomadas na década de 1950. De concreto, apenas a melhoria do transporte ferroviário, fluvial (com a construção de canais), a abertura da rota ártica (com quebra-gelos) ligando Murmansk a Vladivostok e a intensificação da produção armamentista.

Entretanto, é preciso concentrar a atenção nas transformações sociais e psicológicas da sociedade soviética, caso contrário o estudo da industrialização torna-se um mero aglomerado de estatísticas (mesmo que impactantes), e a análise dos expurgos, apenas uma abordagem kafkiana a-histórica (ainda que chocante). A União Soviética tornou-se a terceira potência industrial do mundo (precedida pelos Estados Unidos e pela Alemanha, agora nazista). Para uma base de cem em 1913, obteve 770 em 1940 quanto à produção industrial. Eis alguns números[7]:

	1913	**1928**	**1940**	
Eletricidade	1,9	5	48,3	bilhões de kwh
Petróleo	9,2	11,6	31,1	milhões de toneladas
Carvão	29,1	35,5	166	milhões de toneladas
Fundição	4,2	3,3	14,9	milhões de toneladas
Aço	4,2	4,3	18,3	milhões de toneladas
Minério de ferro	9,2	6,1	29,9	milhões de toneladas
Tecidos	2.910	3.010	4.522	milhões de metros
Calçados	60	58	211	milhões de pares
Cereais	860	-	955	milhões de toneladas

[7] Ibid, p.105-6. Ibid, p.105-6.

Beterraba açucareira	11,3	-	18	milhões de toneladas
Batatas	31,9	-	75,9	milhões de toneladas
Algodão	0,74	-	2,24	milhões de toneladas
Carne	5	-	4,7	milhões de toneladas
Leite	29,4	-	33	milhões de toneladas
Bovinos	51,7	58,2	54,8	milhões de cabeças
Suínos	17,3	19,4	27,6	milhões de cabeças
Ovinos e caprinos	88,7	107,1	91,7	milhões de cabeças

Estes dados indicam um intenso crescimento industrial e um modesto incremento agrícola. Evidentemente, grande parte deste resultado fora obtido pela exploração extensiva das imensas riquezas naturais soviéticas e que o índice *per capita* era baixo. O impacto social da nova estrutura econômica, em termos de população empregada em cada setor, era o seguinte:

	1913	**1928**	**1940**
Setor agrícola	75%	80%	54%
Setor industrial	9%	8%	23%
Setor terciário	16%	12%	23%

A alteração mais visível da transformação da década de 1930 foi o intenso processo de urbanização. No lapso de uma geração, a população urbana passou de 15% a 50% (35% em 1940) – um percentual que os Estados Unidos levaram um século para alcançar e 160 anos em relação à quantidade de pessoas que viviam na área urbana (100 milhões). Surgiram metrópoles onde antes não havia nem uma aldeia e vilarejos se tornaram cidades (Murmansk, no Ártico, passou de 8 mil para 100 mil habitantes), enquanto os demais centros urbanos cresciam e mudavam de fisionomia. Entre 1926 e 1939, 23 milhões de camponeses migraram para as cidades (a população era de 170 milhões em 1939). O vertiginoso crescimento da classe operária e da população urbana trouxe, entretanto, inúmeros problemas e criou uma forte tensão na vida social; o que seria normal em qualquer processo de industrialização era ainda mais grave devido à rapidez e à intensidade do processo. Delinquência, favelas e superlotação transformaram-se em problemas sérios, porém atenuados com o tempo. Mais grave era o fato de que a nova classe operária levava para as fábricas as características do *mujik*: individualismo, incultura, cobiça e servilismo.

Contudo, as cidades cresceram, mas tornaram-se rurais, na medida em que a maior parte da população agora urbana vinha do campo. A rotina imposta pela sociedade industrial, regulada pelo relógio, foi introduzida bruscamente na vida dos camponeses, contrariando seus hábitos tradicionais. Os atrasos, o descaso com o trabalho, os roubos e as mudanças frequentes e caóticas de emprego e de cidade (dificultando a realização do plano) levaram o regime a colocar em prática uma legislação trabalhista draconiana, a estabelecer uma severa vigilância no trabalho e a reintroduzir os passaportes internos, que tristemente lembravam os tempos do czarismo. Os operários sucessivamente reincidentes eram punidos com a deportação para as novas e inóspitas regiões econômicas. Em outros países, a Revolução Industrial demorou gerações para impor o novo sistema de produção, permitindo uma adaptação menos traumática, embora a repressão tenha sido, em algumas circunstâncias, igualmente severa.

A vida do novo operário não era, todavia, pior que sua existência anterior de *mujik*. Pelo contrário, tinha melhorado materialmente, pois havia um baixíssimo nível de vida no campo antes da coletivização – e prosseguiu baixo, quando comparado com o setor urbano-industrial. Sua frustração era mais de ordem psicológica, pois agora os problemas eram vistos como responsabilidade do sistema, enquanto a miséria do campo, em particular sob o antigo sistema, parecia fazer parte da "ordem natural das coisas". A maioria do campesinato, por seu turno, conservava um ressentimento encoberto à coletivização, cujo efeito mais visível era a limitada eficácia da agricultura.

Entretanto, todas as tensões, problemas e autoritarismos que acompanharam esta fase não significaram a falta de satisfações concretas, legitimadoras do regime. A mulher, emancipada, exercia um destacado papel na sociedade; o pleno emprego foi alcançado na segunda metade da década de 1930; a educação foi estendida ao conjunto da população como parte da revolução cultural (o analfabetismo praticamente desapareceu); e o serviço de assistência social e de saúde gratuito foi universalizado. Estas realizações sem dúvida consolidaram o regime. A nova condição social da mulher e a oficialização do aborto conduziram a uma queda da natalidade, à qual o regime reagiu incentivando normas patriarcais e a regulamentação restritiva do aborto. Isso, porém, não chegou a anular uma conquista que, tomando-se a população como um todo, era inédita na história.

Quanto à revolução cultural, a repressão varreu as vanguardas intelectuais da década de 1920, enquanto a sociedade adquiria acesso à educação e à cultura É interessante a opinião de Isaac Deutscher, um autor antistalinista:

> Cumpre ter em mente a contradição entre as influências construtivas e destrutivas de Stálin. Enquanto achatava impiedosamente a vida espiritual da intelectualidade, transmitia os elementos básicos da civilização a uma vasta porção de humanidade inculta. Sob seu domínio, a cultura russa perdeu em profundidade, mas lucrou em extensão. Talvez essa ampla difusão de civilização na Rússia terá como consequência uma nova fase de desenvolvimento intensivo. [...] Talvez se diga que o estilo de Stálin adaptava-se de maneira característica às tarefas de um governante que não era muito culto e que tinha de coagir os ***mujiks*** e uma burocracia procedente dos ***mujiks*** a saírem de sua pobreza e de suas trevas caóticas. A ***intelligentsia*** de Leningrado e Moscou, que se distinguira por sua atitude independente e que, por várias vezes, ultrapassara seus colegas da Europa Ocidental pela avidez e pelo ***élan*** de suas pesquisas intelectuais, via-se agora forçada a abrir mão de grande parte de suas aspirações requintadas e a descer a um nível que pudesse ser alcançado por seus irmãos mais moços e mais primitivos que chegavam, aos bandos, às universidades, procedentes das estepes quirguizes e bashkires. Sob o comando de um líder que nascera na fronteira entre a Europa e a Ásia, a Rússia europeia passou a adquirir características asiáticas, enquanto a Rússia asiática atingia um grau considerável de europeização. [...] Num verdadeiro paradoxo, Stálin, que fomentou a desigualdade e as diferenças sociais com base numa economia coletivizada, mostrou-se um nivelador brutal e tirânico em questões de espírito e intelecto, não por desígnios conscientes, já que estimulou, à sua maneira, a ciência e a arte, mas porque desconfiava da originalidade intelectual e artística, onde sempre vislumbrou a heterodoxia[8].

A esta visão dos paradoxos da revolução cultural da década de 1930, Francis Cohen acrescenta que, "influenciado pelo gosto da época e o tipo cultural das massas que eram seu suporte, Stálin professava uma estética 'pequeno-burguesa', apaixonada pelo monumental, de riqueza vulgar sob uma ostenta-

[8] Deutscher, Isaac. **Stalin.** Op. cit., v. 2. p. 331-2.

ção de modéstia"[9]. Isso é particularmente visível no caso do metrô de Moscou, construído na época. Todavia, tratava-se de um tipo de obra que entusiasmava a população, uma espécie de *avant-première* das prometidas realizações da sociedade socialista, cuja construção ainda demandaria tempo e esforço até dar frutos. Mesmo sob vigilância, o cinema, o teatro, a literatura e a cultura clássica alcançaram a população. Outro aspecto importante é que as vanguardas progressistas internacionais participaram ativamente da criação do novo espaço urbano e social, representando uma alternativa progressista, pois, na época, a estética fascista se impunha na Europa[10].

A formação de uma ampla camada burocrática foi outro traço marcante das transformações sociais da *Revolução pelo alto.* Inegavelmente essa situação possuía raízes mais profundas na estrutura do partido bolchevique – "de novo tipo", com dizia Lênin. Mas a herança histórica da sociedade czarista e as condições difíceis em que decorreu a industrialização deram ao fenômeno contornos marcantes. A este se somou à estratificação dentro da própria produção, com seus corolários de privilégios para uns e frustração para muitos. A estratificação foi consequência da necessidade de incrementar a especialização e o estímulo à produção. Entretanto, as desigualdades sociais foram reduzidas com os serviços sociais gratuitos. A diferenciação social não era antagônica, pois ocorria dentro da mesma classe.

Os dirigentes e técnicos não usufruíam de propriedade privada – o direito à herança inexistia e seus privilégios se restringiam ao plano do consumo. A precariedade do domínio burocrático, apoiado apenas em um estado de equilíbrio político, tinha como consequência a formação de um Estado forte durante a fase de transição. Esta posição era mais frágil que qualquer estrutura social estabelecida sobre relações de propriedade, regulamentadas por leis, religião ou tradição. Nesse sentido, o Estado seria não apenas a primeira trincheira de uma estrutura de dominação, mas a única. A ausência de legitimação da burocracia pode ser vista em sua ocultação nas estatísticas. À falta de coesão social somava-se a *insegurança provocada pelas sucessivas purgas de Stálin, que,*

---

[9] Cohen, Francis. **Introdução a Staline Textes. Paris,** Éditions Sociales, 1983. v. 1. p. 46 [tradução do autor]

[10] Ver CLARK, Katerina. **Moscow, the fourth Rome**. Stalinism, cosmopolitanism, and the evolution of soviet culture (1931-1941). Cambridge: Massachusetts/ London: Harvard University Press, 2011.

apoiando-se numa burocracia, impedia sua cristalização como classe. Essa era uma das razões dos expurgos no partido e no Estado.

2.3. O STALINISMO, O TERROR E A NOVA SOCIEDADE

OS GRANDES EXPURGOS NO PARTIDO E NO ESTADO

Em 1933, o sucesso relativo do Plano Quinquenal e a guinada diplomática soviética operada após a ascensão de Hitler ao poder, buscando uma aliança com Inglaterra e França, levaram o XVII Congresso do Partido Comunista a liberalizar o regime: substituição da GPU pela NKVD (com atribuições mais limitadas), separação mais definida entre a polícia e o judiciário, e anistia a muitos *kulaks* deportados. Kirov, líder do partido em Leningrado, havia sido cogitado para concorrer com Stálin no Congresso, mas recusou-se. Em 1° de dezembro de 1934, foi assassinado pelo jovem comunista Nikolaiev. A morte do aliado de Stálin permaneceu um mistério, mas há indícios de que se tratava de uma campanha terrorista de membros do partido, visando a um golpe de Estado (Losurdo, 2010, p. 70). Concretamente, segue-se uma vaga de processos sumários: de Nikolaiev e seus coacusados e do "centro moscovita" (Zinoviev e Kamenev).

A juventude comunista de Leningrado e os quadros médios do partido foram expurgados. A legislação repressiva estendeu a pena de morte aos maiores de 12 anos e estabeleceu a responsabilidade familiar coletiva. Houve uma pausa nos primeiros meses de 1936, enquanto era elaborada a nova Constituição soviética que instituía direitos políticos (na qual trabalham Radek e Bukharin). No entanto, em agosto desencadearam-se os *Processos de Moscou* e o terror retornou: o "Processo dos 16" levou à morte, entre outros, Zinoviev e Kamenev; em janeiro de 1937, o "Processo dos 17" condenou Piatakov, Radek e outros à pena capital; em março de 1938, ocorreu o "Processo dos 21" ("bloco dos direitistas e trotskistas"), quando foram eliminados Bukharin, Rykov, Rakovski, Krestinski e Iagoda, o antigo chefe da NKVD. Falsificações grosseiras servem de justificativa para a execução de parte da velha guarda bolchevique, em processos conduzidos pelo implacável procurador Vychinski, um ex-menchevique, que, na feliz expressão de Droz e Rowley, possuía "o ardor dos conversos tardios". Em um clima de tensão extrema, eram feitas confissões estapafúrdias.

Em dois anos, o partido e o Estado, especialmente, foram alvos de uma depuração gigantesca: 75% do Comitê Central de 1934 foi fuzilado, 3 mil responsáveis nacionais e 70% dos regionais foram expulsos do partido (muitos acabaram mortos). De acordo com Kevin McDermott, entre outros fatores,

> argumentou-se que um determinante importante para as prisões em massa foi a ansiedade despertada entre líderes locais e regionais de que o poder soviético estivesse ameaçado pelos milhões de ex-*kulaks*, guardas brancos e uma multiplicidade de 'elementos antissoviéticos' então habilitados pela Constituição stalinista, cujos votos na eleição secreta proposta para o Soviete Supremo de 1937 poderiam desestabilizar o regime[11].

Em junho de 1937, iniciaram-se os expurgos no Exército Vermelho e no Corpo Diplomático, o que praticamente ceifou a cúpula dessas instituições. O grupo de Stálin temia uma *reação termidoriana* por parte de um Exército forte e prestigiado. No entanto, o que provavelmente desencadeou tal depuração foi a trama urdida por Heydrich, Canaris e Himmler. A *Abwehr* e a *Gestapo* (polícia secreta do Exército e polícia política alemã, respectivamente) vazaram documentos falsos sobre ligações de generais soviéticos com o Estado-Maior alemão, iniciadas na época do Tratado de Rapallo, com o acordo militar secreto. O processo contra o jovem marechal Tukhatchevski tornou-se o epicentro dessa conspiração que visava à eliminação da cúpula militar soviética (a maior parte dela foi fuzilada).

Em seguida, o Japão resolveu "testar" o Exército Vermelho no Extremo Oriente. O complô nazista talvez tivesse apenas intensificado o expurgo no Exército, que, como força política, seria depurado de qualquer maneira, mas não com tamanha força. Além disso, comunistas estrangeiros - exilados na URSS, ligados à Internacional Comunista ou com atuação anterior na Espanha - foram atingidos (destes, a execução do húngaro Bela Kun foi a mais expressiva). A população concentrada nos *gulag* (campos de trabalho) devia ultrapassar a casa dos 5 milhões às vésperas da Segunda Guerra Mundial (incluídos aí os deportados das coletivizações de 1929-1933). As purgas de 1936-1938 criaram um clima de desconfiança, embora as massas não estivessem se sentindo necessariamente descontentes ao ver rolarem as cabeças de pessoas importantes cujos privilégios detestavam ou invejavam.

---

[11] Kevin McDermott, Stalin, Revolutionary in an Era of War. Basingstoke/ New York: Palgrave/ Macmillan, 2006. p. 106

Como explicar o fenômeno stalinista e, particularmente, os expurgos? As hipóteses de uma ditadura unipessoal ou mesmo de uma camarilha são válidas, mas insuficientes. O stalinismo não pode ser compreendido unicamente pelo socialismo, mas também pelas características russas, pela dureza das condições histórico-sociais em que a coletivização e a industrialização tiveram de ser realizadas. A hostilidade externa, o isolamento e a falta de apoio para vencer o atraso do país também foram relevantes.

Alguns intelectuais enxergam o fenômeno stalinista com irônicas distorções, em que mesmo marxistas situam suas análises apenas no plano ideológico, transformando-se em personalistas e produzindo uma história elitista (ao abordar somente as lutas dentro da cúpula partidária). Infelizmente, o homem do povo raramente escreve, e obras como as memórias de Victor Serge, por mais honestas que sejam, fornecem apenas uma visão parcial da realidade.

Recentemente um conjunto de obras tem avançado na análise do fenômeno stalinista, demonstrando a dificuldade que ele tinha de controlar a máquina burocrática, que formava redes e bolsões de poder autônomo. Daí advém a necessidade de Stálin de manter a própria burocracia numa situação de incerteza, pois não é possível a um homem, isoladamente, impor sua vontade a um aparelho complexo e, através dele, a toda uma população, ainda mais num país do tamanho da URSS.

Um fato praticamente ignorado é que Stálin, apesar de sua conhecida dureza, era popular, e muitas das máculas que acompanharam suas realizações não lhe foram atribuídas diretamente (após os expurgos, ele expurgou os expurgadores e manteve sua imagem preservada). Foi por isso que a desestalinização de Kruschev seria um trauma para milhões de militantes, na União Soviética e no mundo, pois consideravam Stálin um herói revolucionário. Para eles, o líder conduziu a uma transformação histórica inédita, gigantesca e difícil, que retirou um país continental do obscurantismo, tornando-o uma sociedade industrial nova, com inclusão social, e uma potência mundial. Ele foi fruto de uma época, mas foi também um homem que marcou esta época.

Entretanto, Stálin foi o responsável direto por crimes e distorções que marcaram o nascimento de uma sociedade que pretendia justamente eliminar as injustiças. Os aspectos autoritários e repressivos do regime são insuficientes para explicar o poder do stalinismo, que possuía também legitimidade e apoio social. Onde ele encontrava esse apoio? A base social do período era a nova classe operária, a intelectualidade e a burocracia, ainda que tenha surgido de forma brutal e dolorosa. Tal apoio era carreado mediante a ascensão política e econômica desses segmentos, no contexto de um equilíbrio social precário e de uma transformação rápida. Em uma situação social dessa ordem, o Estado e, particularmente, seu líder aparentam ter uma espécie de poder autônomo, sobrepondo-se ao conjunto da sociedade.

O STALINISMO E O CULTO À PERSONALIDADE

Em geral a popularidade de Stálin é apontada como uma consequência do culto à personalidade. No entanto, é preciso observar que qualquer culto só é eficaz na medida em que cumpre um papel social concreto. O culto às imagens era uma característica do povo russo em relação aos ícones, um elemento cultural da população de então. Segundo Christopher Hill,

> Cada civilização faz dos seus grandes homens o que pode, para projetar a imagem deles na sua linguagem típica. [...] Na Armênia, conta-se que Lênin chegou montando um cavalo branco para conduzir o povo. Em outra lenda, Lênin seria um titã lutando contra Asmodeu – amigo dos ricos e privilegiados, o pior inimigo dos humildes: Asmodeu avançou para matá-lo, mas o fogo do olhar do herói pôs o outro em debanda; e Lênin então voou numa águia para o Raguestão, onde fez a guerra contra os ricos, para depois voar de volta às terras frias, a fim de escrever a verdade em livros para o povo. Para os ostiaques do norte, Lênin seria um caçador de focas que matava os ricos traficantes de peles e distribuía os despojos entre os pobres [...]. Os cossacos de Cholokov faziam ideia de Lênin como um cossaco do Don. Na Rússia pré-revolucionária – como no Ocidente católico medieval –, a Igreja achava que suas abstrações deviam ser apresentadas concretamente por meio de imagens, ícones, estandartes, relicários e outros objetos acessíveis à percepção sensorial do campesinato inculto e terra a terra (o iconoclastismo dos puritanos e outros devia-se à feroz arrogância intelectual de criaturas que acabavam de tomar conhecimento das ideias abstratas e do poder que investiam em objetos materiais)[12].

Como argumenta o próprio Hill, os bolcheviques, inclusive Stálin, utilizaram símbolos e depois o próprio culto à personalidade para difundir os princípios da Revolução e consolidar seu poder, pois isso correspondia ao nível de compreensão da maior parte da população russa. A distorção mais grave está

---

12 Hill, Christopher. Lenin e a Revolução Russa. Rio de Janeiro: Zahar, 1977. p. 162-3.

no fato de que tal procedimento tornou-se uma norma da esquerda durante décadas, em contextos e sociedades radicalmente diferentes, às vezes chegando ao ridículo. Mas é necessário levar em conta que milhões de homens simples que ascenderam durante o processo de industrialização admiravam o homem que os liderara, elevara e transformara a Rússia numa potência, lembrando que as liberdades de tipo ocidental nunca fizeram parte da cultura política do país.

E que também, geralmente, era o ambicioso círculo à sua volta que desejava demonstrar apoio através da construção de estátuas e concessão de títulos ao chefe, que muitas vezes ele recusava, pois se tratava de bajulação com fins de promoção. Curiosamente, ele continua sendo admirado na Rússia pós-soviética. De acordo com Kevin McDermott (2006, p. 1), em 2005 "uma pequena cidade na Sibéria decidiu erigir uma estátua de Josef Stálin, o primeiro monumento novo do ditador soviético em cinquenta anos. [...] Numa recente pesquisa de opinião na Rússia, 40% dos entrevistados acreditavam que Stálin era uma figura histórica positiva". Nos túmulos junto às muralhas do Kremlin, o seu é o que recebe a maior quantidade de coroas de flores na atualidade, por incrível que pareça.

Sem dúvida, qualquer balanço honesto sobre a era stalinista depara com contradições e paradoxos chocantes. O terror deixou um legado de perda de vidas, experiências e competência, além de passividade e medo, maculando a imagem do socialismo e, apesar de seu salto inicial, criando mecanismos que dificultaram o desenvolvimento soviético posterior. Os altos custos da *Revolução pelo alto* decorreram da *acumulação primitiva socialista* e do puritanismo que a caracterizou. Para muitos autores a figura de Stálin pode ser colocada ao lado de Ivan IV, o Terrível, Pedro I, o Grande e Catarina II, a Grande, bem como Cromwell, Robespierre e Napoleão, que usaram a violência para construir a modernização de suas nações. Já a comparação com Hitler soa descabida, pois este visava retroceder a uma suposta "idade de ouro" no passado e ao colonialismo racial, e não um projeto emancipador. Para os irmãos dissidentes Zhores e Roy Medvedev (2006, p. 362), o primeiro expulso da URSS e o segundo do partido, por suas críticas ao sistema:

> Nos primeiros anos após a Revolução, Lênin e Trótski trataram de destruir tudo e todos que estivessem ligados ao império e especialmente ao capitalismo; seu objetivo era transformar o 25 de outubro de 1917 no ponto de partida de uma nova civilização, um novo início para a história

> da humanidade. Verifica-se, no entanto, que o estágio construtivo da Revolução foi obra de Stálin. Embora ele substituísse a velha Rússia autoritária por um país que podia ser novo em termos de estrutura social e econômica, em última análise foi a Rússia autoritária que prevaleceu.

O terror desencadeado não tinha como objetivo apenas conter uma possível revolta popular nem uma oposição dispersa (porém ativa), e sim manter um estado de tensão interior, exagerando os perigos dos inimigos de classes residuais (atribuindo-lhes constantes "sabotagens") em uma fase de forte pressão externa (daí chamá-los de "agentes do imperialismo"). O próprio Trótski, inegavelmente uma das grandes expressões revolucionárias de 1917, foi transformado pela propaganda stalinista em uma espécie de entidade metafísica maligna e, como consequência, apagado até mesmo de fotografias oficiais. Assim como Mao, Stálin tomava a resistência da realidade pela dos homens (sobretudo do partido), atribuindo os insucessos à sabotagem e à conspiração. Isso também fornecia uma satisfação ao povo, pois justificava certas falhas e dificuldades apresentadas pelo modelo adotado.

Cabe ressaltar, contudo, que as grandes transformações foram marcadas, ao longo da história, por momentos de violência, pois, como destacou o filósofo Georg Hegel,

> a história não é o reino da felicidade. As épocas de felicidade são suas páginas vazias, [pois,] ainda que a história não careça de satisfações, as satisfações que provêm da realização de grandes propósitos, superiores a qualquer interesse individual, não são o que habitualmente se descreve como felicidade.

Dessa forma, a afirmação das religiões reformadas e dos Estados europeus nos séculos XVI e XVII foi acompanhada de matanças e violências de escala continental; a Revolução Inglesa (que implantou um regime liberal-parlamentar) necessitou, para ser implementada, do terror de Cromwell; a Revolução Americana causou a fuga dos pró-ingleses para o Canadá, e a expansão posterior provocou o extermínio dos povos indígenas e os horrores da Guerra Civil (1861-1865). O surgimento da liberdade, igualdade e fraternidade da Revolução Francesa dependeu do "Grande Medo" desencadeado pelos camponeses, do terror jacobino, do esmagamento dos revoltosos da Vendeia e da repressão interna e pilhagem externa protagonizadas por Napoleão Bonaparte na Europa, enquanto a unificação alemã protagonizada por Bismarck foi obtida "a ferro e sangue" (sobretudo de alemães), segundo expressão do próprio chanceler prussiano. Os impérios coloniais europeus foram construídos através da conquista violenta de dezenas de povos, causando milhões de mortes e o extermínio de alguns deles. A Austrália foi, por mais de um século, uma colônia penal britânica, um gigantesco *gulag* tropical.

Stálin mostrou-se um organizador, líder e tático competente, a ponto de opositores admitirem que, sem ele, o país não teria saído do caos[13]. Autores importantes, sem uma posição stalinista ou antistalinista, destacam que certas decisões tomadas pelo líder foram taticamente corretas, mas que o problema estava no fato de que ele as justificava com teorizações estratégicas (como o Pacto Nazi-Soviético, devido ao qual argumentou que a nova guerra mundial *era*, como a Primeira, *apenas* um conflito imperialista, fazendo a esquerda internacional cair em uma situação terrível). Sua eficaz simplificação pedagógica das questões permitiam ampla difusão e compreensão destas , mas criava vícios a longo prazo[14].

Entre 1938 e 1941, perante uma situação de progressivo e angustiante isolamento, a URSS começou a se preparar para a guerra que se avizinhava. Graças à *Revolução pelo alto*, o país conseguiria enfrentar o mais difícil dos desafios: a guerra total dos nazistas. O problema é que o stalinismo, que respondeu de forma deturpada ainda que relativamente eficaz aos desafios que as condições do país impunham, foi transmitido ao movimento comunista internacional, em condições históricas completamente diversas, com resultados largamente negativos. Se um partido no poder, em função de uma fase histórica, podia sobreviver sem uma ampla democracia interna (porque se confundia com o Estado), para os partidos que lutavam pelo poder e necessitavam de uma base de massas, isso representava um entrave que praticamente anulava sua eficácia em sociedades diferentes ou mais complexas.

---

13 "Bulleten Oppozitsii", n. 34. In: Deutscher, I. Stalin. Op. cit., v. 2, p. 317.

14 O maniqueísmo, por exemplo, foi um modo de fazer funcionar um tipo de organização partidária e de mobilizar uma sociedade ainda atrasada, dentro de uma visão simplificadora. O problema do stalinismo, seus erros, injustiças e crimes decorrem da *visão esquemática da luta de classes* e da *simplificação do marxismo* (por exemplo, falta de instâncias intermediárias entre a teorização geral e a realidade concreta, relação indivíduo-sociedade, tensão entre voluntarismo e determinismo científico, redução do materialismo histórico a uma espécie de dialética da natureza, dedutivismo, interações entre as forças produtivas e as relações sociais de produção).

2.4. A DIPLOMACIA PRÉ-GUERRA E A INVASÃO ALEMÃ

A DIPLOMACIA SOVIÉTICA E A INTERNACIONAL COMUNISTA DURANTE A GRANDE DEPRESSÃO

A grande crise do capitalismo mundial, desencadeada em 1929, alterou profundamente a situação internacional e afetou particularmente a posição da URSS. A Grande Depressão econômica gerou um protecionismo comercial que acentuou as rivalidades entre as potências capitalistas, pois prejudicava especialmente as superpovoadas, carentes de colônias e recursos naturais (Alemanha, Itália e Japão). A agitação e os efeitos da recessão favoreceram, nesses países, a ascensão ou radicalização de regimes autoritários. A esse nível de tensão internacional somou-se outro de caráter social, pois milhões de trabalhadores desempregados ou pobres adotavam atitudes contestadoras que assustavam as elites.

Enquanto a decepção com o capitalismo não cessava de crescer no Ocidente, a URSS colocava o plano de industrialização em prática, rumava para a eliminação do desemprego e ascendia à condição de potência. Assim, a agitação social nos países capitalistas e a ascensão da União Soviética à condição de Estado industrializado criaram, na percepção da direita internacional, o espectro de uma revolução social mundial, que se sobrepunha às disputas entre potências capitalistas.

A resposta da direita internacional foi a política de *apaziguamento*, após a ascensão de Hitler, visando permitir o esmagamento do movimento operário nos países capitalistas e incitar a máquina bélica alemã a destruir o socialismo, pois a dinâmica da história havia se invertido. Entretanto, não existia um consenso no Ocidente quanto a quem seria o principal inimigo: Stálin ou Hitler? A diplomacia soviética procurou manobrar nessas águas traiçoeiras a fim de manter-se fora da guerra. A Alemanha, o país mais atingido pela crise econômica, tornou-se o pivô do jogo internacional. Antes do triunfo de Hitler, as potências ocidentais limitaram as indenizações devidas pelos alemães e permitiram um rearmamento parcial, durante a plena ascensão nazista, através do Plano Young (1930) e da Conferência de Lausanne (1932).

Assim, Moscou não podia se dar ao luxo de desprezar o Pacto de Rapallo, mesmo quando Hitler chegou ao poder em 1933. Além de a Internacional Comunista e os comunistas alemães terem se equivocado quanto à solidez do regime nazista, os próprios social-democratas acreditaram que seria suficiente apoiar Hindenburg para enfraquecer a extrema-direita.[15] Foi um grande erro. Stálin calou-se nos primeiros meses de massacre da esquerda alemã, acreditando que Hitler não abandonaria a diplomacia weimariana. No entanto, o fascismo crescia por toda a Europa e o regime soviético percebeu que a Alemanha se tornara a maior ameaça.

Nesse novo contexto, Litvinov (chanceler soviético desde 1930) pôde desenvolver sua política de *segurança coletiva*, mediante aproximação com o Ocidente em fins de 1933. Os Estados Unidos de Roosevelt estabeleceram relações diplomáticas com a União Soviética, que foi admitida já no ano seguinte na Liga das Nações, sediada em Genebra (anteriormente ela atacara a organização como instrumento do Tratado de Versalhes, mas agora Versalhes não mais existia). Também em 1934, a Internacional Comunista lançou um apelo à união de todas as forças antifascistas, uma aliança que abrangia social-democratas, comunistas, liberais e até conservadores tradicionais opostos à ascensão da extrema direita e defensores do regime democrático (não mais qualificado como "burguês"). Essa política antifascista foi oficializada no ano seguinte pelo VII Congresso da *Komintern* como *Frentes Populares.*

Ainda em 1935, a URSS firmou pactos de assistência com a França e com a Tchecoslováquia; no ano seguinte, as Frentes Populares venceram as eleições na França, na Espanha e posteriormente no Chile. Na China, o Exército Vermelho de Mao Tsé-Tung defendia, desde 1930, os sovietes camponeses dos ataques do *Kuomintang*, mas, em 1934, ele foi obrigado a se retirar rumo ao norte, o que ficou conhecido como a Longa Marcha, estabelecendo-se no Yenan, de onde recebia apoio soviético. Uma vez estabilizada a situação, e enquanto crescia a ameaça japonesa, o Partido Comunista chinês estabeleceu uma trégua e uma aliança com Chiang Kai-Chek após o incidente de Xian.

---

[15] Trotski, desde o exílio, exortava a IC a mudar de linha face à ascensão do nazismo. Depois da ascensão de Hitler, desapareceram suas esperanças na *Komintern* como instrumento para a revolução mundial, e ele passou a trabalhar na criação de uma nova Internacional, a IV, fundada em 1938, quando a guerra estava prestes a eclodir. A IV Internacional, criada numa conjuntura de refluxo da esquerda, permaneceu uma organização de influência bastante modesta, tendência acentuada após o assassinato de Trotski no México, em 1940, pelo agente stalinista Ramón Mercader.

Apesar desses avanços, existia uma forte contratendência. Os êxitos da diplomacia soviética e o temor conservador à mobilização e às reivindicações sociais, desencadeadas pelas Frentes Populares, reforçaram a política de apaziguamento liderada pelo grupo de Cliveden. Este era formado por um setor do Partido Conservador britânico, liderado por Chamberlain, e vinculado à grande burguesia siderúrgica europeia, cujo objetivo era estabelecer um acordo com Hitler para impedir uma nova luta fratricida entre as potências capitalistas, estimulando a Alemanha a destruir o Estado soviético. A partir de 1931, com a invasão japonesa da Manchúria, iniciou-se uma série de agressões – intensificadas com achegada dos nazistas ao poder – que já podem ser consideradas parte da Segunda Guerra Mundial. Em particular, a expansão alemã sem luta e seu rearmamento foram facilitados de maneira ampla por uma consciente política complacente das potências ocidentais.

Nesse contexto, em 1936, a direita espanhola desencadeou um levante contra o governo da Frente Popular. As atitudes da URSS em face da Guerra Civil Espanhola devem ser apreendidas a partir de duas instâncias: a grande diplomacia (esboçada anteriormente) e os problemas internos soviéticos (os expurgos). Inicialmente Stálin apoiou o Comitê de Não Intervenção, mas a ajuda ativa de Hitler e Mussolini a Franco fez com que a URSS oferecesse suporte material ao campo republicano (aliás, o único auxílio expressivo que o país recebeu) e a Internacional Comunista organizasse as Brigadas Internacionais, integradas por elementos antifascistas, para lutar ao lado do governo da Frente Popular, e não para apoiar uma revolução – que, aliás, Stálin procurou desestimular. Ele a considerava inviável e ainda serviria para unificar os conservadores. Pouco antes, a Itália havia atacado a Abissínia (atual Etiópia); logo em seguida, o Japão invadiu o restante da China, e ambos os agressores assinaram com a Alemanha o Pacto Anti-*Komintern*, contra a URSS. Em breve ocorreria a anexação da Áustria por Hitler, sem qualquer reação das potências ocidentais.

Stálin começou a considerar que, na ambígua diplomacia do Ocidente, o componente antissoviético estava se tornando dominante, apesar de toda sua colaboração. A URSS, que já começava a retrair-se no plano internacional como consequência dos expurgos internos, retirou-se progressivamente do conflito espanhol. Stálin acreditava que a política de não intervenção anglo-francesa na Espanha procurava envolver a URSS em um conflito militar com o fascismo (e, quando este se generalizasse, de que lado o Ocidente ficaria?).

Após os expurgos no Exército Vermelho, fato também ligado ao contexto internacional, os japoneses atacaram o Extremo Oriente soviético na região do lago Khassan, de onde foram expulsos após duros combates, em agosto de 1938. No mês seguinte, ingleses e franceses pressionaram a Tchecoslováquia a ceder parte de seu território a Hitler. Stálin ofereceu ajuda aos tchecos, mas estes foram demovidos por Londres e Paris de aceitá-la. Assim, em 30 de setembro de 1938, em Munique, sem a presença de uma única autoridade tcheca, Chamberlain e Daladier entregaram parte de um país aliado e rico ao III Reich. Era apenas o início do processo de desintegração, pois, em março de 1939, o Estado tchecoslovaco foi desmembrado, e suas regiões industriais foram anexadas à Alemanha.

O POLÊMICO PACTO NAZI-SOVIÉTICO

Tratava-se da falência da estratégia de *segurança coletiva* em aliança com o Ocidente. Molotov, membro típico do quadro *interno ou nacional* do partido, substituiu o *cosmopolita* Litvinov, rebaixado a vice-comissário. Molotov tentou uma nova aproximação com os anglo-franceses – embora desconfiasse deles –, mas também começou a pensar em alternativas para manter-se fora da guerra, procurando explorar as rivalidades das potências capitalistas – era isso que diferenciava a concepção diplomática de ambos. Em maio, os japoneses invadiram a Mongólia (na região do rio Khalkhin-Gol), única aliada da URSS, e só em outubro, com a guerra já iniciada na Europa, as tropas soviético-mongóis puderam derrotar e expulsar o Exército nipônico. Enquanto isso, Grã-Bretanha e França enviaram a Moscou diplomatas e militares de segundo escalão e sem qualquer poder de decisão para negociar.

As conversações se arrastavam e a desconfiança soviética aumentava. Os poloneses recusaram-se a permitir que o Exército Vermelho passasse por seu território a fim de atingir a fronteira alemã. Os diplomatas soviéticos julgavam que os defensores da Política de Apaziguamento, contra a crescente oposição da opinião pública anglo-francesa, pretendiam jogar seu último trunfo sobre a Polônia. Ocupando-a, a Wehrmacht (Exército alemão) atingiria a fronteira soviética. A URSS, em guerra com os japoneses no leste, sentiu a ameaça de uma dupla invasão. A falta de preparação de Londres e Paris (protegida atrás da Linha Maginot) em uma conjuntura tão tensa, na perspectiva de Moscou, revelava uma estratégia de encorajar o ataque de Hitler à Polônia. De que serviam as garantias à Varsóvia sem um respaldo militar?

Foi então que os soviéticos jogaram sua grande cartada diplomática: Molotov ofereceu a Hitler um acordo, pelo qual os alemães demonstravam interesse havia algum tempo. O Pacto de Não Agressão Nazi-Soviético, datado de 23 de agosto de 1939, confundiu a Itália e o Japão, ao passo que liberais, trotskistas e social-democratas somavam-se à direita para denunciar a "traição de Stálin". Esse pacto, celebrado entre os inimigos extremos, preservou temporariamente a URSS da guerra que se iniciava, proporcionando tempo para sua preparação militar e desferindo um golpe na política de formação de uma coalizão antissoviética. Era uma *réplica a Munique.* O item secreto sobre a partilha da Polônia fazia a fronteira voltar à Linha Curzon, aumentando a zona defensiva para salvar as grandes cidades da URSS, que recuperava as regiões ocidentais da Ucrânia e da Bielorrússia, bem como controlava os países bálticos.

Stálin sabia que, por causa dos expurgos, o Exército estava fraco e sem comandantes experientes. Ao assinar o Pacto, Stálin obrigava as potências ocidentais a entrar em guerra contra a Alemanha, pois de outra forma a Polônia seria sacrificada da mesma forma que acontecera com a Tchecoslováquia. Hitler, por sua parte, também não estava preparado. Ele precisava de tempo e não desejava ser apenas um peão na estratégia dos Aliados, e sim utilizá-los como parte de *sua* estratégia, o que demonstrava a força das rivalidades interimperialistas.

Desde a invasão da Polônia pelos alemães, de 1º de setembro de 1939 até maio de 1940, quando estes atacaram o Ocidente, houve uma misteriosa estagnação militar entre os anglo-franceses e os nazistas. As potências ocidentais pareciam esperar que Hitler atacasse os russos, mas isso não ocorreu. Por outro lado, Stálin sentia-se inquieto com os "não acontecimentos" na frente franco-alemã, de modo que procurou neutralizar os vizinhos pouco confiáveis, firmando acordos e instalando bases nas três pequenas repúblicas fascistas do Báltico (Lituânia, Letônia e Estônia), que ficaram sob sua área de influência, conforme o Pacto de Não Agressão Germano-Soviético. Todavia, a mesma política falhou em relação à Finlândia, que recusou a oferta soviética de entregar um território com o dobro da extensão da faixa que reivindicava para ampliar a defesa de Leningrado. A URSS declarou-lhe guerra em 30 de novembro de 1939.

Os finlandeses, reforçados com armas e pilotos anglo-franceses, resistiram tenazmente, ao passo que o alto-comando aliado, que não realizava uma ofensiva sequer contra os alemães, começou a preparar uma Força Expedicionária para a Finlândia. Stálin correu contra o tempo e venceu a chamada Guerra de Inverno em março de 1940, evitando um conflito direto com o Ocidente (qual atitude Hitler tomaria nesse caso?). No entanto, foi para o Ocidente que os nazistas se voltaram, ocupando Dinamarca, Noruega, Holanda, Bélgica e França. Stálin ficou aterrorizado diante da velocidade da queda desta última por duas razões: o poderio nazista superior ao que calculava e a reprise da trama política que envolvera a queda da Polônia.

Esses países foram entregues, quase intactos, ao III Reich por seus governos conservadores. O Kremlin reagiu reforçando seu *glacis*[16] defensivo, e, durante o verão de 1940, a esquerda foi encorajada a tomar o poder nos países bálticos, enquanto a conjuntura ainda permitia. Governadas por grupos pró-soviéticos, as três nações bálticas foram incorporadas à URSS como Repúblicas Federadas. A União Soviética também anexou a Bessarábia (ocupada em 1918 pela Romênia) e o norte da Bukovina (povoada por ucranianos). Essa expansão territorial, ainda que juridicamente fundada em argumentos diversos, correspondeu a uma tentativa estratégica de reforçar as fronteiras, nas quais os alemães estavam mais poderosos do que nunca, pois contavam com os recursos de toda a Europa (exceto da Grã-Bretanha).

A estratégia de Stálin se baseava na crença equivocada de que a guerra tenderia a um equilíbrio, como na Primeira Guerra Mundial, e que a URSS só deveria intervir quando os demais contendores estivessem enfraquecidos. Dessa forma, a hegemonia alemã na Europa fez o Kremlin lançar mão de todos os meios para não ser envolvido, tentando conservar a paz com a Alemanha enquanto mantinha canais abertos com a Grã-Bretanha – que Hitler não pudera, ou não quisera, conquistar. Durante a vigência do polêmico Pacto de Não Agressão Nazi-Soviético, toda a esquerda europeia viu-se em uma situação terrível, sobretudo os comunistas, instigados por uma Internacional Comunista desmoralizada a não provocar os nazistas que os perseguiam.

No entanto, em todos os países ocupados, ainda que a título individual, os comunistas, social-democratas e mesmo muitos nacionalistas começavam a formar movimentos de resistência; enquanto isso, a URSS comerciava com o III Reich, preparava defesas, reconvertia suas indústrias para a guerra e transferia muitas delas para os Montes Urais, para a Sibéria e para o Cazaquis-

[16] Zona de proteção formada por Estados vizinhos controlados por uma superpotência.

tão. Entretanto, isso era feito com certa prudência, pois Stálin não desejava demonstrar desconfiança em relação a Hitler e comprometer a precária paz, a qual superestimava. Além disso, toda a diplomacia soviética da década de 1930 tinha como principal objetivo manter o país fora da guerra e evitar a destruição do socialismo, não sendo sobredeterminada por um maquiavelismo nacionalista ou vocação antirrevolucionária de Stálin. A esse propósito Deutscher argumentou que

> as tensões sociais na sociedade russa em 1939 [mostravam que] o grosso do povo russo, extenuado pelos anos de laboriosa construção econômica, por uma dedicação exaltada aos resultados de seu trabalho, abatido pela hostilidade ou, na melhor das hipóteses, pela indiferença do mundo exterior, sentindo-se isolado e traído em seus esforços idealistas – esse povo estava de acordo com Stálin no momento em que ele se recusou a mexer-se quando o huno feroz roubou os bolsos dos mortos [alusão a Hitler, utilizando um verso do poema "Os Citas", que Alexandre Blok escreveu em 1918]. [17]

A "GRANDE GUERRA PATRIÓTICA": A URSS NA SEGUNDA GUERRA MUNDIAL

Em janeiro de 1941 a liderança soviética já sabia que a invasão estava marcada para meados de maio, como forma de impedir a queima dos cereais (ainda verdes), que seriam colhidos mais tarde pelos invasores. Mas antes Hitler teria que garantir o flanco sul (Bálcãs) para evitar uma ação inglesa, e dois eventos o atrasaram em cinco semanas. Hitler fez com que Mussolini atacasse a Grécia desde a Albânia, mas o líder italiano falhou. Ao mesmo tempo, o governo pró-alemão da Iugoslávia fora derrubado, obrigando o III Reich a ocupar os dois países militarmente, com elevados custos. Pior ainda, o ministro japonês das Relações Exteriores, Matsuoka, encontrava-se em Berlim em abril para discutir um ataque à URSS, quando ocorreu o golpe de Belgrado, que complicou os planos de Hitler. Matsuoka, então, manteve-se cauteloso e se dirigiu à Moscou, onde permaneceu por uma semana e acabou firmando o Pacto de Neutralidade Japão-URSS. Rudolf Hess "fugira" para a Grã-Bretanha e tentou dialogar com o Partido Conservador. Churchill, porém, recusou-se a realizar um acordo com Hitler.

---

[17] Deutscher, Isaac. Stalin. Op.cit., v.2, p.417.

O que se sucedeu foi a derrubada de três mitos históricos: a infalibilidade da *Blitzkrieg*[18], o despreparo de Stálin e a vitória do "general inverno". O plano de Hitler era uma ofensiva relâmpago de quatro a cinco semanas para destruir o Exército Vermelho e obter a rendição, pois não tinha como lutar durante o inverno ou travar uma guerra prolongada por meses ou anos. A estratégia era atrair as forças soviéticas para perto da fronteira e, então, cercá-las e destruí-las em um mês, mas Stálin desejava resistir ao máximo, aproveitando a profundidade estratégica e mantendo reservas para realizar contra-ataques. No entanto, ele cometeu dois erros: acreditar que a paz ainda era possível e que o principal objetivo alemão era a Ucrânia (e lá concentrou suas forças), com seus cereais, carvão e petróleo. Afinal, as manobras diplomáticas de 1939-1941 tinham evitado a guerra, e o III Reich, sob embargo naval, necessitava desesperadamente de suprimentos.

No dia 22 de junho, 153 divisões alemãs, 17 finlandesas, 18 romenas e duas húngaras atacaram a URSS sem declaração de guerra, desencadeando a maior campanha militar da história (em uma frente de 3.000 km, 5 mil aviões, 5 mil tanques e 300 divisões). Era o início da *Guerra Total*, com a completa mobilização dos recursos dos beligerantes e a não distinção entre alvos civis e militares. O Plano Barbarroxa pretendia, inicialmente, destruir o Exército Vermelho e tomar as grandes cidades em um mês. O eixo norte visava Leningrado, o centro, Moscou, e o sul, Kiev. Para essa operação, o III Reich dispôs da economia de toda Europa (exceto da inglesa), integrada à sua indústria, o que lhe propiciou a capacidade de mobilizar um imenso e bem aparelhado Exército, apoiado nos recursos humanos e materiais de todo continente.

Alguns historiadores argumentam que Stálin teria sofrido uma "depressão" e não reagido à invasão, mas essa versão foi forjada por Kruschev em 1956, no XX Congresso do PCUS, como parte de sua política de desestalinização. No dia do ataque o líder emitiu 20 decretos, participou de reuniões e audiências, elaborou e leu o texto exortando a população a resistir. Não entrou em pânico nem fugiu, como se afirmou, e sim tratou de centralizar o governo em suas mãos e de um pequeno comitê, para que as decisões pudessem ser tomadas rapidamente. A transferência de indústrias para o leste, os Urais e a Sibéria, foi acelerada. E a resistência encontrada atrasou os alemães e imobili-

[18] Estratégia militar alemã de ação ofensiva rápida, intensa e de surpresa, utilizando especialmente aviões e veículos blindados.

zou boa parte de suas forças, com a maior parte do Exército soviético permanecendo a salvo a 200 ou 300 km da fronteira, mantendo reservas, realizando constantes contra-ataques e construindo três linhas defensivas. A cautela inicial de Stálin em relação às provocações alemãs, considerada vacilação, no final de contas, revelou-se acertada, conforme afirmam os irmãos dissidentes Medvedev (2006, p. 297). Mesmo a destruição dos aviões (velhos) em solo, preservou os pilotos mais experientes da morte.

Muito antes do inverno, durante o mês quente e seco de julho, a *Blitzkrieg* já havia falhado, pois nenhum dos objetivos havia sido alcançado ao cabo de cinco semanas. Apenas a tomada de Odessa, próxima da fronteira, levou dois meses. Território e homens foram sacrificados para atrasar a Wehrmacht: bolsões precisavam ser conquistados, com perda de tempo e soldados alemães; Leningrado não foi tomada, mas cercada durante 900 dias (imobilizando grandes contingentes); a tomada de Kiev também demorou e no centro esbarraram na bem-sucedida contraofensiva soviética em frente a Moscou em novembro (a primeira derrota militar alemã na guerra). Mas a guerra de Hitler já estava perdida antes da batalha de Moscou; com o desfile comemorativo da Revolução, em 7 de novembro de 1941, teve início a "Guerra de Stálin contra a Alemanha", de acordo com o historiador britânico John Erikson. Mais do que ao frio, a vitória soviética deveu-se à motivação dos soldados e, sobretudo, à capacidade organizativa da URSS, à estratégia militar adequada, à transferência de indústrias para o leste e à mobilização da população, deitando por terra a previsão de encontrar um povo apático e um regime odiado e incompetente.

Existe, também, uma questão desconhecida mas fundamental para a compreensão do papel da URSS na Segunda Guerra Mundial: o desempenho da Frente do Extremo Oriente e de seu comandante, o general Apanasenko. No final da década de 1930 a situação na zona oriental da União Soviética era mais preocupante do que na parte europeia, pois os japoneses haviam ocupado a Manchúria e, desde lá, ameaçavam a Sibéria e a Mongólia. Entre julho e agosto de 1938 houve combates de fronteira no lago Khasan, no extremo oriente soviético, com derrota japonesa. Como resposta, Stálin criou a Frente do Extremo Oriente, com 700 mil soldados. Em maio de 1939 o Japão atacou a Mongólia, na fronteira disputada do rio Khalkin-Gol, e os combates prosseguiram até outubro (com a Europa já em guerra), quando o general Zhukov e suas tropas soviéticas e mongóis cercaram e derrotaram os japoneses. Mas o perigo não fora afastado e, Josef Apanasenko, velho conhecido de Stálin, foi nomeado comandante da Frente. Rude mas inteligente, ousado, incansável e correto, era a liderança que faltava.

No entanto, os preparativos militares deviam atentar para as manobras diplomáticas. O Japão possuía forças terrestres e aeronavais poderosas, mas, ao contrário dos seus parceiros do Eixo, não tinha uma liderança carismática e centralizada, dificultando as decisões. Em 1936 o Pacto Anti-Komintern já identificava a URSS e a Internacional Comunista como inimigo principal, e havia a proposta de sincronizar com o III Reich o ataque à URSS. Mas o Pacto Ribbentrop-Molotov de 1939 foi considerado por Tóquio uma traição e, em 1940-1941, com a derrota francesa e o enfraquecimento inglês, as colônias europeias do Sudeste Asiático representavam um alvo de menor custo. Hitler achava que venceria sem o Japão, que ajudaria mais conquistando a região colonial e criando um foco alternativo de conflito, que garantiria a retaguarda alemã. Mesmo os Estados Unidos não eram considerados uma potência militar, e sim econômica, podendo ser vencidos numa *Blitzkrieg* aeronaval. Com a Operação Barbarroxa, o Japão resolve aguardar pelo resultado, mas em outubro o príncipe Konoe foi substituído pelo general Tojo como Primeiro-Ministro e cogitou-se sincronizar a destruição da Marinha anglo-americana com a tomada de Leningrado e Moscou.

Enquanto construía infraestruturas e reforçava as defesas, o general Apanasenko ofereceu 20 divisões para auxiliar na Batalha de Moscou. Mas, para que os japoneses não percebessem o esvaziamento, ele criava novas unidades, recorrendo à escassa população local e aos campos de prisioneiros de Kolima, mantendo o efetivo. Implantou fazendas do Exército para alimentar tanta gente em tempo de guerra e criou novas divisões de segunda classe à medida que unidades eram enviadas para a Europa. Os japoneses não viam redução de tropas e não avançaram, preferindo atacar o Pacífico, o que favoreceu Hitler, pois um desembarque aliado na Europa se tornava improvável. Em outubro de 1942, durante a Batalha de Stalingrado, Berlim pediu apoio japonês, mas eles acharam a Frente do Extremo Oriente muito forte.

Assim, Apanasenko, que impediu uma invasão japonesa, foi um herói anônimo, sem medalhas, referência histórica ou menção como "Herói da União Soviética". Em maio de 1943, depois de muita insistência, Stálin aceitou que ele lutasse como vice-comandante na Batalha de Kursk, onde morreu em combate em agosto.

Pelo imenso volume de recursos humanos e materiais empregados na frente leste, a guerra na Europa constituía principalmente um conflito terrestre entre o III Reich e a URSS, travado dentro do território dessa última, a um custo incrivelmente elevado. A partir da invasão alemã, Churchill e Stálin começaram a discutir uma aliança anglo-soviética, que se formalizaria posteriormente, com a adesão dos Estados Unidos, após sua entrada na guerra. Paralelamente, os anglo-saxões estabeleceram um bloqueio econômico ao Japão para impedi-lo de atacar a URSS, pois a derrota desse país daria à Alemanha um poderio insuperável, tanto em recursos quanto no controle da massa continental eurasiana ou *Heartland*.

Depois da Batalha de Moscou, na primavera de 1942, os alemães lançaram a ofensiva principal em direção a Stalingrado e ao Cáucaso (chegaram ao Monte Elbrus, ponto mais alto), pois Leningrado continuava resistindo e Moscou se tornara inexpugnável. Era a estratégia possível, buscando recursos como alimentos, petróleo, carvão, minérios e mão de obra para a indústria alemã. Foi uma luta de desgaste dentro da cidade, que durou meses, envolveu 1,7 milhão de soldados e decidiu a sorte da guerra.

2.5. DE STALINGRADO AO FIM DA ALIANÇA ANTIFASCISTA

A OFENSIVA SOVIÉTICA, AS GRANDES CONFERÊNCIAS E A DERROTA DO III REICH

Nos territórios sob seu controle, os nazistas implantaram sua *Nova Ordem*, calcada na exploração intensiva dos recursos econômicos e das populações locais, assim como numa repressão intensa, em cooperação com parte das elites dos países dominados. Campos de concentração e, logo, de extermínio, consumiram a vida de milhões de judeus, russos, poloneses e iugoslavos, entre outros, bem como a de todos que morreram fora deles por inanição, trabalho escravo, epidemias e extermínio puro e simples. Contudo, os povos dominados reagiram organizando movimentos de resistência, sabotagens e guerrilhas, levando os alemães a estabelecer sangrentas punições coletivas, particularmente severas contra os eslavos. Desde o início, entretanto, a Resistência esteve dividida entre grupos nacionalista-conservadores, interessados em restaurar a situação anterior, e organizações de esquerda, geralmente lideradas pelos comunistas (dominantes no Mediterrâneo e nos Bálcãs), que aliavam as tarefas de libertação nacional com as de transformação social e que se fortaleciam cada vez mais ao longo da guerra. Assim, o movimento comunista conheceu considerável expansão.

Em Stalingrado, travou-se, durante o inverno de 1942-1943, a maior batalha da guerra, envolvendo 1,7 milhão de soldados em uma luta casa a casa que resultou na completa derrota dos alemães com o cerco e a rendição de seu VI Exército. Com a simultânea vitória inglesa em El Alamein (que envolveu apenas 120 mil soldados), no norte da África, o III Reich passou definitivamente à defensiva. Em julho de 1943, ocorreu a Batalha de Kursk, no sul da Rússia, a maior de tanques da história, colocando frente a frente os Tigres alemães e os T-34 russos, com nova vitória do Exército soviético. Este passou então à ofensiva ininterrupta, apesar das enormes baixas causadas pela encarniçada resistência dos alemães, que praticavam uma política de terra arrasada em sua retirada.

Um problema que evidenciou a fragilidade e as contradições da aliança entre os anglo-saxões e os soviéticos foi a abertura de uma segunda frente na Europa Ocidental, que deveria aliviar a pressão dos exércitos alemães sobre a frente oriental. Insistentemente solicitado por Stálin, o desembarque foi negado de forma sistemática, algo que, apesar dos pretextos técnicos, pode ser associado politicamente à declaração do então senador Truman ao *The New York Times* em fins de 1941: "Se virmos a Alemanha ganhar, devemos ajudar os russos. Se a Rússia estiver por cima, devemos ajudar os alemães, de modo que eles se matem uns aos outros ao máximo." De fato, ao se defender, os alemães resistiram em profundidade e, quando recuavam, destruíram tudo, absolutamente tudo. Não houve o "rolo compressor", mesmo que os alemães não voltassem à ofensiva, e as baixas soviéticas eram elevadas.

As vitórias soviéticas reforçaram a posição internacional da URSS, que ficou clara nas conversações de Moscou (outubro de 1943), quando foi decidida a manutenção da aliança até a derrota completa do Eixo, a participação da URSS na guerra contra o Japão, a instalação de um tribunal internacional para julgar os crimes de guerra do III Reich (o julgamento de Nuremberg) e a criação de uma organização internacional para substituir a Liga das Nações (a ONU). A questão da segunda frente a ser aberta na Europa foi um tema delicado nas conversações. Em novembro de 1942, os aliados desembarcaram na África e, em 1943, no sul da Itália, porém sem afetar significativamente o poder da Alemanha, desapontando os soviéticos, que conduziam a guerra contra os nazistas praticamente sozinhos havia mais de dois anos.

A Conferência de Teerã (de novembro a dezembro de 1943) consolidou os princípios definidos na de Moscou e reforçou sua posição diplomática, graças à sua importante atuação na luta contra o III Reich, a qual os soviéticos denominaram "*Grande Guerra Nacional*" ou "*Grande Guerra Patriótica*". Foi designado o norte da França para a abertura da segunda frente, em maio de 1944. Também foi acertado que a fronteira soviético-polonesa seria demarcada pela Linha Curzon. Entretanto, as Conferências de Moscou e de Teerã demonstravam, acima de tudo, a emergência da URSS como potência e sua aceitação pela comunidade internacional (o que não eliminava totalmente a política antissoviética em importantes setores aliados). A própria fotografia oficial da Conferência de Teerã mostrou o significado do evento. Isaac Deutscher comparou a diferença entre os líderes dos "três grandes", que ali estavam no mesmo nível:

> Os antípodas extremos eram Churchill e Stálin, o descendente do Duque de Malborough e o filho de servos; um nascido em Blenheim Palace, o outro num casebre de um só cômodo. Um ainda respirava a atmosfera espiritual da Inglaterra vitoriana e eduardiana, por cuja herança imperial se batia com todo vigor de seu temperamento romântico. O outro carregava consigo toda severidade da Rússia czarista e bolchevista, cujas tempestades atravessara com tranquilidade fria, glacial. Um tinha atrás de si quatro décadas de debate parlamentar; o outro um período igual de atividade em grupos clandestinos e misteriosos politburos. [...] Roosevelt situava-se entre os dois, mas muito mais próximo de Churchill[19].

Quando os soldados já se aproximavam da fronteira, vários acontecimentos marcaram uma mudança de atitude do Kremlin. Durante a ofensiva alemã, foram sobretudo as cidades povoadas por russos as que mais resistiram, enquanto outras foram entregues com pouca luta. O foco da propaganda política foi mudado ao longo de 1942, com o declínio dos Comissários Políticos. Agora passava a ser mais uma luta entre russos e alemães do que entre co-

[19] Deutscher, Isaac. Stalin. Op. cit., v. 2, p. 458.

munistas e nazistas, com a restauração das patentes militares e da hierarquia profissional. Em 1943 a Igreja Ortodoxa foi legalizada (e apenas ela), passando a apoiar o regime, enquanto a Internacional Comunista, que já não funcionava havia anos, foi oficialmente extinta. Logo, Moscou estabeleceu relações com o Vaticano, pois o Exército Vermelho, que seria rebatizado de Exército Soviético, iria penetrar em nações católicas, como a Polônia. A mensagem era bem clara: "Cruzar as fronteiras como nação, não como Revolução." Em 1º de janeiro de 1944 o Hino da Internacional se tornou apenas o hino do partido, e foi criado um Hino Nacional soviético.

Em 1943-1944, por sua vez, houve uma espécie de limpeza étnica na parte europeia, com 2 milhões de pessoas sendo removidas do norte do Cáucaso, da Crimeia e do baixo Volga, e enviadas à Ásia Central. Não foram apenas aquelas que colaboraram com os alemães, mas outras que se localizavam em regiões estratégicas, e os territórios povoados com russos e ucranianos. Na Ucrânia e no Báltico, os elementos colaboracionistas foram deportados, enviados a campos de trabalho ou, em muitos casos, fuzilados. O traçado dos novos limites, mais do que ampliar territórios, buscava obter conexões com o máximo de países, garantindo-as com populações confiáveis. Até hoje a metade norte da antiga Prússia Oriental alemã constitui um enclave russo (Kaliningrado), encravado entre Polônia e Lituânia (União Europeia), com litoral báltico.

Enquanto isso, os soviéticos e as guerrilhas de esquerda expulsavam os alemães dos Bálcãs e da Polônia até o início de 1945. Logo o Exército Vermelho cercou Berlim, onde Hitler se suicidou, conquistando a cidade em uma luta feroz casa a casa. Ao mesmo tempo, os anglo-americanos penetravam no oeste da Alemanha, ocupando o vale do Ruhr e outras regiões e encontrando resistência limitada. No norte da Itália e na Tchecoslováquia, as guerrilhas esquerdistas sublevavam-se contra os alemães, tornando inútil a continuação da luta.

No dia 8 de maio de 1945, o III Reich se rendeu, encerrando a guerra na Europa e deixando um continente materialmente destruído e politicamente convulsionado. O Japão – sozinho, esgotado, constantemente bombardeado pelos norte-americanos e com sua Marinha destroçada – procurou então negociar sua rendição. No início de agosto, porém, a pedido dos norte-americanos, os soviéticos atacaram suas forças no norte da China e da Coreia (violando o Pacto de Neutralidade), enquanto os Estados Unidos jogavam sobre

Hiroshima e Nagasáki duas bombas atômicas (uma de urânio e outra de plutônio), militarmente desnecessárias. Ao mesmo tempo, as guerrilhas antijaponesas, nacionalistas e esquerdistas passavam à ofensiva na China e no Sudeste Asiático. Assim, no dia 2 de setembro, o Japão capitulava incondicionalmente, encerrando a Segunda Guerra Mundial.

OS RESULTADOS DA SEGUNDA GUERRA MUNDIAL

A análise dos resultados da Segunda Guerra é fundamental para a compreensão da Guerra Fria, particularmente de seu desencadeamento. Os Estados Unidos reativaram e expandiram seu parque industrial, absorveram a massa de desempregados da década de 1930, sofrendo poucas baixas e destruição material. Sua economia tornou-se mundialmente dominante, com quase 60% da produção industrial de 1945, posição reforçada pela semidestruição de seus rivais (Alemanha, Itália e Japão) e pelo enfraquecimento dos aliados (França e Grã-Bretanha), que seriam seus devedores. O crescimento da economia norte-americana ocorreu em grande parte sobre as ruínas das outras potências capitalistas, aliadas e rivais. A derrota do nazifascismo marcou o triunfo de uma forma de capitalismo moderno e cosmopolita – sob a hegemonia dos Estados Unidos – contra um capitalismo marcado por contornos retrógrados de dominação social e de inserção no mercado mundial. A situação de supremacia norte-americana em âmbito mundial permitiu-lhes estruturar uma nova ordem internacional quase inteiramente ao seu molde: a *Pax Americana*.

A superioridade podia ser comprovada no plano político-militar: dominavam os mares e tinham bases em todos os continentes, a bomba atômica e a aviação estratégica. A URSS teve mais de 20 milhões baixas, enquanto os Estados Unidos, 300 mil. Os norte-americanos também dominariam tecnológica e financeiramente: o dólar foi adotado como moeda internacional na Conferência de Bretton-Woods (1944), o Fundo Monetário Internacional (FMI) e o Banco Mundial foram criados, e Nova York passou a ser tido como centro financeiro mundial. No plano diplomático, a hegemonia se reafirma com a Conferência de Dumbarton Oaks (1944) e de São Francisco, onde foi estruturada a Organização das Nações Unidas (ONU), importante mecanismo de afirmação e estruturação do sistema *internacionalista*.

A URSS, por sua vez, desempenhara um papel decisivo na derrota da Alemanha nazista e gozava de grande prestígio diplomático e militar, tendo seus interesses reconhecidos em uma esfera de influência junto às suas fronteiras europeias. O fortalecimento da esquerda em todo o mundo e a presença do Exército Vermelho no centro da Europa e no Extremo Oriente também acentuavam o poderio soviético. Entretanto, a União Soviética mantinha um comportamento moderado nas relações internacionais e agia nos moldes da diplomacia tradicional, silenciando acerca do esmagamento dos comunistas gregos pelos ingleses, procurando conter a revolução dos comunistas chineses e iugoslavos, incentivando os comunistas italianos e franceses a se desarmar e a participar de governos de coalizão, e ajudando na reconstrução do capitalismo nesses países.

Qual a razão para essa atitude, considerada uma traição por setores da esquerda? Tal comportamento atendia primordialmente a um imperativo de defesa nacional, pois o país sofrera perdas colossais. Foram mais de 20 milhões de mortos, que, somados aos inválidos, representavam metade da população economicamente ativa, além da destruição de dois terços da economia do país. Ainda que o Exército Vermelho pudesse rechaçar uma invasão terrestre, a URSS carecia de uma Marinha forte e de aviação estratégica. Os homens em armas faziam muita falta para a restauração econômica e demográfica. Assim, Stálin limitava-se a tentar obter o reconhecimento internacional do país – senão *de jure*, ao menos de fato. Daí comportar-se de forma moderada, procurando salvar a política traçada nos acordos de Moscou, Teerã e Yalta.

A guerra também acelerou a crise do colonialismo e as lutas de libertação nacional, haja vista o enfraquecimento das metrópoles europeias, o engajamento militar dos povos coloniais e a expansão da ideologia anticolonialista. Ironicamente, não apenas a União Soviética apoiava politicamente a independência das colônias, mas também os Estados Unidos, que desejavam participar dos mercados dominados pelos aliados europeus. O declínio da Europa como centro da política mundial ocorria simultaneamente à constituição de um sistema bipolar, centrado nas formações sociais capitalistas e socialistas, lideradas pelos Estados Unidos e pela União Soviética, respectivamente. No plano político-ideológico, a derrota do nazifascismo significou um revés da extrema direita, do racismo, da barbárie, do obscurantismo, do militarismo, do genocídio e dos valores opressivos, representando, por contraposição, a afirmação da democracia, das liberdades individuais, sociais e nacionais, e também prestígio para o socialismo. A esquerda, que fora quase esmagada, saiu revigorada da guerra, o que preocupou os Aliados ocidentais.

As Conferências de Yalta e de Potsdam constituíram o fórum de discussão das questões sobre a reorganização do pós-guerra. A Guerra Fria teve origem, em grande parte, nas divergências entre os Aliados ocidentais e os soviéticos. Em Yalta (fevereiro de 1945), foi referendada por Churchill, Roosevelt e Stálin a fixação da fronteira soviético-polonesa na Linha Curzon e a entrega, à Polônia, de territórios alemães situados a leste dos rios Oder-Neisse como reparação de guerra e contenção geopolítica da Alemanha. Decidiu-se ainda a formação de governos de coalizão na Polônia e na Iugoslávia. Foi também acordado que a Alemanha seria desarmada e neutralizada, mas não partilhada, mesmo que fosse dividida temporariamente em zonas de ocupação americana, soviética, inglesa e francesa. Os EUA obtiveram da URSS o compromisso de entrar em guerra contra o Japão na Manchúria, três meses após a rendição alemã.

A decisão de manter a Grande Aliança até a derrota completa do Eixo fez de Yalta o ápice da colaboração entre Estados Unidos e União Soviética, estabelecendo *áreas de influência* entre ambos que almejavam uma Europa na Europa, e não a "partilha do mundo". A diplomacia de Stálin objetivava uma Europa de potências, em relação às quais pudesse operacionalizar uma balança de poder para sua segurança nacional.

Yalta promoveu, concretamente, um acordo pelo qual os países limítrofes com a URSS na Europa não deveriam ter governos antissoviéticos, como forma de garantir suas fronteiras ocidentais (foi por meio desses países, e com o apoio de alguns deles, que os nazistas a invadiram). Tudo o mais foi decorrência da Guerra Fria. Alguns historiadores argumentaram, posteriormente, que um Roosevelt "velho e doente" fora fraco nas negociações, introduzindo Stálin na Europa Oriental e no Extremo Oriente. Isso não representava uma "concessão", pois essas zonas haviam sido libertadas pelo Exército Vermelho e pelas guerrilhas comunistas nacionais, que controlavam efetivamente a região. Além disso, o reconhecimento da influência soviética na estreita faixa de países pobres da Europa Centro-Oriental, enquanto o restante do planeta permanecia sob a influência americana, evidencia o exagero da expressão "partilha do mundo". Mesmo no tocante à Europa, essa "partilha" não teria termo de comparação.

A Conferência de Potsdam (realizada nos arredores de Berlim, de 17 de julho a 2 de agosto de 1945), embora formalmente referendasse as decisões de Yalta, foi bem diferente. Era Truman quem representava os Estados Unidos – Roosevelt falecera em abril – e defendia uma posição mais firme em relação à União Soviética. O presidente norte-americano informou a Stálin sobre a existência da Bomba A, sem explicar seu potencial. Potsdam deixou clara uma alteração política fundamental, ocorrida após a morte de Roosevelt. A cúpula do Partido Comunista Soviético estendera ao conjunto do governo americano a confiança que depositava no presidente, sem atentar para as lutas internas em Washington. O bombardeio de Dresden foi um sinal da nova política consubstanciada com a vinculação de Truman ao emergente Pentágono e, dentro deste, ao grupo do bombardeio estratégico.

Este passaria praticamente a dominar as decisões militares do governo a partir do momento em que a bomba atômica entrou em cena. O general Groves, responsável pelo Projeto Manhattan (produção da Bomba A), afirmara em 1942 – durante a vigência da aliança EUA-URSS – que essa seria uma importante arma contra a União Soviética! No mesmo ano, Churchill elaborou seu *Memorandum Secreto*, no qual afirmava que, assim que o Eixo deixasse de constituir uma ameaça, os aliados anglo-saxões deveriam recordar que a URSS era o "verdadeiro inimigo". Ora, em 1945, a derrota germano-japonesa era certa e tal política podia sair à luz do dia. Todavia, somente com o bombardeio nuclear de Hiroshima e Nagasaki Stálin se daria conta da amplitude da mudança ocorrida.

As bombas atômicas lançadas sobre um Japão à beira da rendição eram militarmente pouco necessárias. Foram, na verdade, uma demonstração de força diante dos soviéticos e das guerrilhas atuantes na China, na Coreia e nos países do Sudeste Asiático, bem como uma advertência à esquerda europeia e à agitação no mundo colonial. Nesse sentido, tal política visava limitar os acordos de Yalta referentes à Europa e impedir sua aplicação na Ásia. Mesmo enfrentando algumas resistências, os EUA eram os lideres da nova ordem mundial. A Guerra Fria permitiria a Washington consolidar sua posição de vantagem. A *Pax Americana* caracterizou-se, nesse sentido, pelo monopólio norte-americano das decisões estratégicas.

RUMO À GUERRA FRIA: A CONSTRUÇÃO DOS BLOCOS

A União Soviética fez várias concessões para tentar salvar os acordos de Yalta, aos quais a administração Truman se opunha de forma cada vez mais resoluta. No dia da rendição alemã, o governo americano interrompeu sem comunicação prévia a ajuda fornecida à URSS por meio da Lei de Empréstimos e Arrendamentos, chamando de volta um comboio que se encontrava a meio caminho desse país. Washington também voltou atrás no tocante à cobrança de reparações de guerra na Alemanha por Moscou.

Com sua economia arrasada e sem possibilidades de obter financiamentos para se recuperar, os soviéticos apoiaram o estabelecimento de governos autônomos em parte da zona que ocupavam ao norte do Irã (República Curda de Mahabad e República do Azerbaijão), como forma de pressionar esse país a assinar um acordo para o fornecimento de seu petróleo à URSS. Truman exigiu, então, a retirada soviética do país, e quando isso ocorreu, em 1946, os EUA aí se instalaram, sobre a fronteira soviética. O impacto desse acontecimento para um país que acabara de sofrer uma gigantesca invasão (a terceira em menos de três décadas) foi profundo, criando o chamado *Efeito Irã*. Este foi decisivo para o futuro da Europa Oriental, pois o Kremlin considerou que qualquer recuo em sua área de influência representaria a presença de um inimigo potencial em suas fronteiras, um fenômeno a ser evitado nas Democracias Populares. Além disso, Washington adotou uma posição contrária à revisão dos acordos sobre os estreitos turcos (a qual permitiria à URSS um acesso ao Mediterrâneo).

Em 1946, Churchill, discursando em uma universidade do interior dos Estados Unidos (com assistência de Truman), lançou seu famoso brado antissoviético, segundo o qual uma "cortina de ferro" descera sobre metade da Europa (apropriara-se da expressão e do argumento utilizados pelo ministro nazista da Propaganda, Goebbels, nos últimos dias da guerra). Esse símbolo maior dos ventos da Guerra Fria, que começavam a soprar em 1946, veio acompanhado de outros eventos que atestavam a progressiva deterioração da situação internacional. Os americanos explodiram uma bomba atômica no atol de Bikini, no Oceano Pacífico. O Partido Republicano obteve a maioria no Congresso e, juntamente com a ala direita do Partido Democrata, empurrava o governo Truman para uma política ainda mais dura. Nesse mesmo ano, a guerra civil reiniciou na Grécia, devido à crescente pressão dos monarquistas e das tropas inglesas contra a guerrilha esquerdista.

Apesar dos riscos políticos contidos na nova conjuntura, a URSS prosseguiu a desmobilização militar, pois se vira na contingência de reconstruir sua economia em bases autárquicas - os soldados eram mais necessários para suprir a carência de mão de obra e para recuperar a demografia. A falta de apoio externo levou o país a reeditar as durezas do stalinismo da década de 1930, mas, apesar da onda repressiva e dos sacrifícios exigidos, a reconstrução econômica foi sendo lograda com êxito. No Leste Europeu, por sua vez, a democracia liberal funcionava plenamente em uma Tchecoslováquia sem tropas de ocupação, e os nacionalistas de vários matizes ainda eram dominantes dentro da coalizão no poder da Polônia. Nos Bálcãs, os comunistas iugoslavos, liderados por Tito, mantinham sua independência frente a Stálin e articulavam, com o prestigiado líder comunista búlgaro Dimitrov, a ideia da criação de uma confederação balcânica que fosse autônoma em relação a Moscou e que incluísse também outros países vizinhos.

Enquanto isso cresciam as dificuldades financeiras da Europa Ocidental, pois os países dessa área sofreram grande desgaste econômico com a guerra e tornaram-se importadores, sobretudo dos EUA, até a exaustão de suas reservas monetárias. Por outro lado, as tendências democratizantes dos movimentos antifascistas conferiram grande força a uma esquerda que, em sua maioria, opunha-se à tutela norte-americana. Esse fenômeno, aliado à existência de vias nacionais autônomas tanto no oeste quanto no leste da Europa e o ápice do movimento trabalhista dentro dos EUA (que lutava para não perder os privilégios obtidos durante a guerra, agora ameaçados pela reconversão industrial) representavam uma ameaça, segundo a percepção de Washington.

Stálin nunca cogitou anexar o Leste Europeu ou torná-lo socialista não apenas pelas reações internacionais que isso produziria, mas também porque tal diversidade de povos dificultaria a construção do Povo Soviético (*Homo sovieticus*). A incorporação do leste da Europa incluiria povos de cultura já consolidadas e conectados ao Ocidente e à Igreja Católica, o que tornaria difícil controlá-los no conjunto da União Soviética. Eles eram, para Stálin, apenas uma proteção ao Socialismo em um Só País.

Em 1946 o Conselho de Comissários do Povo passou a denominar-se Conselho de Ministros. Segundo Stálin, passara a época do regime instável, em construção; a União Soviética deveria se tornar uma nação, a nova Rússia, aceita pela comunidade internacional. E não apenas por gratidão ao esforço do povo russo na guerra, que agradeceu publicamente, ele procurou ser um líder "russo", com seus retratos públicos sendo retocados para mostrar um biótipo mais russo e menos georgiano.

3
A URSS NO MUNDO
A Superpotência Socialista (1947-1987)

3.1 A GUERRA FRIA: A MILITARIZAÇÃO E O BLOCO SOVIÉTICO

A tentativa de buscar a "responsabilidade" pelo desencadeamento da Guerra Fria (que foi tanto um conflito quanto um sistema) é um exercício inútil. Melhor compreender os mecanismos que levaram a ela. A diplomacia de Stálin tentou obter o reconhecimento internacional da União Soviética, o que não fora conseguido desde 1917, mantendo um "bom comportamento" internacional e adotando uma posição de relativo isolamento, ainda que integrasse a ONU como garantia. No entanto, foi impossível desengajar-se das transformações globais, e o Socialismo em um Só País deu lugar à segunda superpotência mundial, com toda a carga de militarização que esse fato implicou. A virada ocorreu em 1947, contra suas expectativas de médio prazo e, ainda que atuasse nos primeiros anos apenas em sua vizinhança, ela foi arrastada a um papel global cada vez mais complexo, sem que fosse criado um sistema internacional alternativo, que prosseguia capitalista.

A GUERRA FRIA E O "SEGUNDO STALINISMO"

Enquanto a URSS buscava desmilitarizar-se como forma de acelerar a reconstrução de sua economia e os países da Europa Ocidental viviam crescente dependência econômica em relação aos Estados Unidos, estes endureciam sua política externa e interna com a ascensão dos conservadores no Congresso. A partir desse momento, a administração Truman passou a estruturar uma economia europeia conectada às finanças e ao comércio dos EUA. Isso permitiria também lançar as bases materiais necessárias à luta contra o nacionalismo político-econômico e as reivindicações socializantes, opostas aos seus interesses. Esse projeto teve início com a criação da bi-zona alemã (unificação das áreas de ocupação anglo-americanas) que, logo, deveria ampliar-se por toda a Europa Ocidental. A implementação dessa política ocorreu em 1947, com a proclamação da Doutrina Truman (em 12 de março) e o lançamento do Plano Marshall (em 5 de junho).

A Doutrina Truman foi lançada através de um discurso do presidente, no qual ele defendia o auxílio dos EUA aos povos "livres" que fossem ameaçados pela agressão "totalitária"[20], tanto de procedência externa quanto de "minorias armadas". Tal política foi formalizada quando a Grã-Bretanha, sem condições de manter seu convulsionado império, abandonava a guerra civil grega e era substituída pelos Estados Unidos. A ajuda solicitada se estendeu também à Turquia, que não sofria ameaça externa ou interna. A Doutrina Truman foi lançada durante a realização da Conferência Econômica de Moscou, que tratava da concessão de ajuda americana para a reconstrução europeia e constituiu uma preocupação para os soviéticos.

O Plano Marshall, por seu turno, concedia aos governos europeus empréstimos a juros baixos, para que adquirissem mercadorias dos EUA. O custo político de sua aceitação era elevado, pois as nações beneficiárias deveriam abrir suas economias aos investimentos norte-americanos, o que, no caso das economias fracas (como as democracias populares do leste) ou devedoras (como a Europa Ocidental) representava uma renúncia de soberania por esses países. Além disso, o plano propunha o aprofundamento da divisão do trabalho entre uma Europa Ocidental industrial e o Leste Europeu agrário. Obviamente, a URSS e as nações sob sua influência se recusaram a aceitar uma ajuda perce-

[20] Tratava-se de mais um conceito extraído do fascismo, este teorizado pelo italiano Giovanni Gentile.

bida como invasão econômica. Acreditavam que ela os conduziria à perda do controle político, pois a abertura da economia reforçaria as debilitadas elites do leste europeu.

A Doutrina Truman e o Plano Marshall materializaram a partilha da Europa e lançaram as bases para a formação dos blocos político-militares. O problema é que ainda existia uma forte opinião pública mundial marcada pelo espírito da Conferência de Yalta, pelo antifascismo e pelo pacifismo, que, assim, atrasava e perturbava a implementação da Guerra Fria. Além disso, no Ocidente a URSS ainda era vista como libertadora e Stálin como um estadista. Era preciso lançar mão de poderosos conceitos e imagens que desarticulassem essa corrente e condicionassem a população a um sentimento de ameaça e a uma visão maniqueísta. A *ameaça soviética* e a *defesa do mundo livre* foram os mitos mobilizadores e legitimadores da nascente Guerra Fria.

Os partidos comunistas da Europa Ocidental, orientados por Moscou, promoveram greves infrutíferas em oposição ao Plano Marshall. Se, no longo prazo, esses países perdiam parte de sua autonomia, no plano imediato a chegada de bens e alimentos era uma benesse para uma população cansada pelos sofrimentos da guerra e pelas privações materiais, que persistiam após dois anos do fim do conflito. A ajuda americana, já empregada como instrumento de pressão em eleições europeias, ficou condicionada à evicção dos comunistas dos governos de coalizão ocidentais, sobretudo na França e na Itália, onde eram partidos fortes.

Após expulsar os partidos comunistas ocidentais dos governos, os fatos se sucederam numa avalanche em 1947. O discurso do soviético Zhdanov sobre o antagonismo irredutível entre socialismo e capitalismo representava uma réplica à Doutrina Truman e ao Plano Marshall. Este último inclusive foi rejeitado pela União Soviética e pelos seus satélites. Em seguida, os EUA criaram a Agência Central de Inteligência (CIA) para atuar em âmbito mundial, pois a espionagem política, militar e tecnológica dos soviéticos se tornara global no fim de guerra. Na sequência, os partidos comunistas no poder na URSS e na Europa Oriental, bem como os da França e da Itália, criaram o *Kominform* (Agência de Informação Comunista), visando à coordenação das ações dos PC no continente.

O principal objetivo do Kominform era resistir aos projetos norte-americanos na Europa. Sem recursos econômicos, era necessário responder politicamente ao desafio do Plano Marshall. O objetivo de Stálin era aumentar o controle sobre os países-satélites: ser comunista, então, não era condição suficiente; era necessário ser pró-Moscou. A Europa Oriental deveria ter sua economia centralizada, industrializada, coletivizada e conectada à da URSS. E o comércio deveria ser dirigido prioritariamente aos "Estados irmãos" do leste, enquanto os contatos com o ocidente eram desencorajados.

Nesse contexto, os acontecimentos políticos na Tchecoslováquia em fevereiro de 1948 ganharam projeção mundial. A recusa do Plano Marshall pelo governo de Praga deixou os partidos conservadores do país em uma situação difícil, decidindo lançar mão do último recurso disponível: a expulsão dos comunistas do governo por meio de uma manobra de bastidores. O PC, que vencera as últimas eleições, e os social-democratas, reagiram mobilizando seus ministros e uma impressionante massa de operários armados em uma demonstração de força ao presidente Benes. Foram, então, os conservadores que precisaram se retirar do governo. Imediatamente a impressa ocidental denunciou a ação, denominada *Golpe de Praga*. Em junho, os aliados ocidentais realizaram uma reforma econômica nas zonas que controlavam na Alemanha, visando aprofundar sua separação da zona oriental e integrá-la economicamente à Europa Ocidental.

De 1946 até o lançamento da Doutrina Truman, o líder soviético seguia as premissas de Zhdanov, que defendia a ênfase na ideologia, na elevação da qualidade de vida e no aumento dos bens de consumo. Entretanto, a partir de 1947, Stálin passou a concordar com Malenkov e baseou sua política no desenvolvimento da indústria pesada e bélica. E ele respondeu à unificação das zonas ocidentais da Alemanha (e ao lançamento da nova moeda alemã) decretando o bloqueio terrestre de Berlim Ocidental e esperando que os EUA abandonassem essa política. Mas a cidade foi abastecida por uma impressionante ponte aérea durante quase um ano e os soviéticos acabaram levantando o fracassado e impopular bloqueio. Junto com o *Golpe de Praga*, o bloqueio de Berlim desmoralizou a política soviética.

Nesse sentido, Truman foi bem-sucedido, pois o espectro de um comunismo agressivo representou um valioso instrumento para alterar a opinião pública ocidental. A Escandinávia, que se encaminhava para uma política de neutralidade, ficou do lado dos EUA (Noruega, Dinamarca e Islândia ingressariam na OTAN). Apenas a Suécia se manteve neutra, num sutil jogo diplomático aceito por Moscou, que, sem dúvida, evitou a inclusão da Finlândia no rol das democracias populares. A esquerda moderada do Ocidente, então, também se tornou antissoviética.

Essa "marshallização" da opinião ocidental permitiu eliminar a oposição à política de rearmamento maciço, que representaria a base de sustentação de políticos como Dulles e Adenauer. Enquanto essa nova corrida armamentista reativava setores ameaçados da economia norte-americana, obrigava os soviéticos a mobilizar 1,5 milhão de soldados, desacelerando a reconstrução econômica da URSS e do Leste Europeu.Iniciava-se, então, nas Democracias Populares, a austeridade material e a construção de tipo stalinista. No plano estritamente político, Moscou enquadrou, então, esses países à sua estratégia, expulsou os conservadores dos governos de coalizão e, após o conflito com Tito[21], expurgou os comunistas de tendência mais nacionalista. Essa ampla *Revolução pelo Alto* visava estreitar o controle político-econômico soviético sobre a região, com o objetivo de garantir a defesa da URSS.

A Europa Oriental tornava-se o *glacis*[22] da URSS, devido ao temor do *Efeito Irã*, da bomba atômica, da aviação estratégica (com seus planos de ataque preventivo) e das bases militares anglo-americanas estendidas em torno do país, da Europa à Ásia. A reação soviética, no plano interno, constituiu-se na elaboração de um acelerado programa atômico, no desenvolvimento da aviação de caça, na implementação de um poder militar terrestre como forma de desencadear uma represália às posições americanas na Europa e no *segredo geográfico* para cegar o *Strategic Air Command* (o segredo geográfico e a profundidade terrestre eram vitais para a defesa aérea na época). Ironicamente, a sovietização do Leste Europeu foi apontada como fruto de uma expansão externa da URSS ocorrida atrás de suas próprias linhas.

O conflito entre a União Soviética e a Iugoslávia – à parte toda a querela ideológica e os aspectos personalistas ou nacionalistas – envolvia problemas tão profundos quanto sutis. Obviamente, as divergências entre Stálin e Tito nos planos ideológico, nacional e tático-estratégico eram reais. Contudo, por que somente nessa conjuntura adquiriram tal importância? Até 1947, os países fronteiriços da URSS na Europa eram *área de influência da Rússia*, e a

---

[21] Josip Broz "Tito", militar revolucionário comunista e estadista iugoslavo

[22] Conceito geopolítico referente a uma zona protetora integrada por Estados vizinhos controlados por uma superpotência.

questão da Revolução Socialista não se encontrava na ordem do dia. A zona de ocupação soviética na Alemanha era parte do problema alemão, ao passo que a Iugoslávia e a Albânia representavam um caso especial, no qual os comunistas eram, autonomamente, as forças dominantes nacionais. A situação desses países, cujo litoral se estendia pelo mar Mediterrâneo, de frente para a Itália, que era vital para a estratégia militar americana na Europa, e ainda sem fronteiras com a URSS, complicou-se dramaticamente com o advento da Guerra Fria. E Stalin não aceitava um comunismo independente.

O Ocidente não toleraria sua inclusão em um bloco controlado pelos soviéticos. Assim, a Iugoslávia tornou-se oficialmente autônoma frente ao Kremlin; Tito foi saudado pela opinião pública como "bom comunista" e seu país tornou-se um Estado-tampão, neutro, em uma época de acelerada militarização, o que também convinha, de certa maneira, a Stálin. Já os comunistas albaneses, sentido-se vulneráveis perante a Iugoslávia, mantiveram-se aliados à URSS, embora seus vínculos militares fossem muito limitados. Como não podia ser neutra, a Albânia isolou-se no plano regional para poder sobreviver, embora inicialmente aliada à URSS.

Apesar de certas formas histéricas e maniqueístas da Guerra Fria, o período foi caracterizado por uma racionalidade cristalina, pois permitia aos Estados Unidos manter o controle político e a primazia econômica tanto sobre seus aliados industriais europeus quanto sobre a periferia subdesenvolvida. Ao explorar a ideia de uma ameaça externa, Washington obtinha a unidade do mundo capitalista. A manutenção de um clima de tensão militar conferia aos americanos uma posição privilegiada para consolidar sua projeção econômica e administrar a emancipação das colônias que desejava subtrair aos seus próprios aliados europeus. A permanente tensão permitiria a hegemonia de sua formidável máquina militar em pleno tempo de paz. A Guerra Fria constituiu-se, assim, em uma *Pax Americana*.

Mas também permitia à Stalin endurecer os mecanismos de controle político, a pretexto do "inimigo externo", e manter o sistema de dominação. Assim, a Guerra Fria criou um eixo orientador das relações internacionais, com uma bipolaridade equilibrada que substituia o equilíbrio europeu como centro do mundo e legitimava as ideologias rivais das superpotências. A URSS liderava um bloco regional e os EUA um mundial, havendo um *modus rivendi* pactuado entre ambas. O "equilíbrio do terror nuclear" era, também, uma garantia contra a eclosão de uma III Guerra Mundial ("Quente").

Por isso, a Guerra Fria foi, neste contexto, *tanto um conflito quanto um sistema*. Segundo o acadêmico norte-americano Mike Davis (1985, p. 68-70),

> [a Guerra Fria], em sentido amplo, não [era] uma rixa arbitrária ou anacrônica encenada essencialmente na Europa, mas um conflito racionalmente explicável e profundamente enraizado de formações sociais e forças políticas opostas, cujo principal centro de gravidade tem sido [desde os anos 1950], o Terceiro Mundo. Tal conflito teria existido e evoluído para uma Guerra Fria, mesmo que as armas nucleares jamais tivessem sido inventadas. A Bomba formou e malformou sua evolução, mas não é ela a sua razão. Esta reside na dinâmica da luta de classes a uma escala mundial. [...] Dessa perspectiva, a Guerra Fria entre a URSS e os EUA é, em última análise, o condutor de descargas elétricas de todas as tensões históricas entre forças de classe antagônica.

Todavia, conforme o autor, "o nível dominante da política mundial é a *revolução permanente*, que surge do desenvolvimento desigual e combinado do capitalismo global" (1985, p. 72). No século XIX, acreditava-se que a luta de classe poderia se desenvolver com uma greve geral impulsionada pela II Internacional. Mas, após a Primeira Guerra Mundial, tomou-se outro rumo.

> As lutas de classes nunca adquiriram uma forma internacional 'pura', mas continuaram comprimidas dentro do sistema internacional preexistente, com toda a carga de nacionalismo e militarismo que tal sistema, inevitavelmente, transmitiu àquelas revoluções que conseguiram obter nele o poder. [Mas] a Revolução Russa mudou a história mundial, ao criar uma base territorial de apoio, com recursos industriais e bélicos crescentes para as revoluções socialistas no exterior e para o anticolonialimo. (Davis, 1985, p. 72).

Contudo, sua "acumulação primitiva" afastou a classe operária dos países ricos. Assim, a Guerra Fria e a corrida armamentista realizavam uma *dissuasão extensiva* contra a URSS, limitando seu apoio às demais revoluções. E a inclusão no sistema da ONU permitia sua inserção (parcial e contraditória) na ordem mundial, como um regulador da disputa global. A rivalidade era, contudo, também um sistema informal de equilíbrio e estabilidade, com respeito às respectivas áreas de influência de cada superpotência, por um quarto de século.

Na URSS, o clima interno foi de desconfiança de 1947 a 1951, com as durezas da reconstrução, a reabertura dos *gulags* e os temores de um novo conflito mundial. Como na época da guerra napoleônica, muitos daqueles que combateram na Europa eram vistos com suspeita, pois poderiam ter se tornado espiões ocidentais ou portadores de novas ideias. O isolamento de Moscou não era mais possível, pois o país compunha o Conselho de Segurança da ONU e fora conduzido a uma bipolaridade que não lhe convinha. Todavia, no começo da década de 1950, a reconstrução estava concluída, e Stálin buscou articular uma nova geração para substituir a sua, que fosse principalmente composta por quadros técnicos emergidos nos vinte anos anteriores.

No plano internacional, a política era meramente regional e reativa, apostando no ressurgimento gradual das rivalidades intercapitalistas. Mas não houve tempo para concluir o processo, e, com a morte do líder soviético, seus companheiros de partido eliminaram grande parte da documentação anterior como forma de dar ao processo uma nova direção, em que o ataque à sua figura era mera ferramenta política contra adversários.

OS SOVIÉTICOS NO LESTE EUROPEU

Como resultado da Segunda Guerra Mundial, a URSS estendeu sua influência até o centro da Europa, numa linha que se estendia do mar Adriático até o litoral do mar Báltico. Em poucos anos, os países da região acabaram adotando regimes socialistas através de Revoluções pelo Alto, por causa da Guerra Fria. Costuma-se dizer que foi uma expansão soviética, contra a vontade dos povos locais. Mas tal argumento é relativo: 1) ao final da Primeira Guerra, a região conheceu uma onda revolucionária, inclusive com implantação de regimes socialistas, que foi vencida com o auxílio de forças estrangeiras e sufocada por precoces regimes fascistas; 2) muitos militantes da região se exilaram na URSS, onde participaram da construção do socialismo e, desde 1935, foram animadores da política de frentes antifascistas e de guerrilhas durante a Segunda Guerra Mundial; 3) como decorrência do resultado dela, o fascismo foi derrotado, e as forças vencidas em 1918-1923 e reprimidas no entreguerras, depois reemergiram, liderando frentes antifascistas contra os grupos que apoiaram ou aceitaram o III Reich. Foi o ponto culminante de um longo movimento revolucionário, em que a dimensão internacional desempenhou um papel decisivo. Mas a linha que demarcou a fronteira geopolítica entre esses "dois mundos" foi corrompida pelas decisões diplomáticas negociadas.

O colapso que derrubou o império russo, abrindo caminho para a Revolução Bolchevique de 1917, afetou todos os países beligerantes, em particular os impérios centrais. Greves operárias, motins e insubordinação militares, levantes populares em busca de comida e pela paz se generalizavam e, um ano depois, seriam determinantes para o abrupto encerramento da Primeira Guerra Mundial. No inverno de 1918-1919, eclodiu a Revolução Alemã, que perduraria, com refluxos, até 1923; na Finlândia e na Letônia houve guerra civil de janeiro a maio de 1918; a República Soviética Húngara durou de março a agosto de 1919, quando foi esmagada por uma combinação de intervenção externa e contrarrevolução interna. A República Socialista da Eslováquia esteve no poder em junho de 1919 e a esquerda búlgara controlou o poder em parte do país em setembro de 1923, isso para não mencionar os levantes generalizados em quase todos os Estados do centro-leste europeu.

A maioria foi sufocada por regimes de princípios fascistas e, na Alemanha, durante a República de Weimar (1919-1933), o comunismo foi uma força ativa e independente. O colapso dos impérios multinacionais desencadeou uma onda de instabilidade que não foi barrada até a Segunda Guerra Mundial e se irradiava para o Oriente. Durante este período, considerava-se que a revolução seguia em marcha, com a construção do socialismo na URSS, para onde seguiram milhares de quadros. Com a ascensão do nazismo, o problema se agravou, mas a luta continuou, como aconteceu na Guerra Civil Espanhola, em que milhares de voluntários antifascistas lutavam contra soldados de seus próprios países. Portanto, não havia apenas um Leste Europeu anticomunista, mas uma tensão e uma luta permanente, em que os socialistas eram considerados "traidores" pró-soviéticos e agentes da III Internacional. O nazifascismo e a nova guerra daria aos eventos uma dimensão internacionalizada e dramática a tal evolução, o que os tratados de paz só tornariam ainda mais complexos e contraditórios.

O desencadeamento da Guerra Fria gerou uma nova corrida armamentista que acabou por reduzir o ritmo da reconstrução da URSS e do Leste Europeu. Nas democracias populares, iniciava-se a austeridade material e a construção de um tipo de stalinismo, que formaram uma das bases das crises em 1956. Em

1947 Moscou decide expulsar os nacionalistas e conservadores dos governos de coalizão e, após o conflito com Tito, os comunistas mais independentes.

Em janeiro de 1949 a URSS criou o Conselho de Assistência Mútua Econômica (CAME ou COMECON). Até a morte de Stálin, em 1953, consistia principalmente em redirecionar o comércio dos países membros para a URSS e introduzir a substituição de importações, afastando as potências do Ocidente. Este foi um período de mudanças extremas, cujos primeiros Planos Quinquenais foram formulados segundo o modelo soviético, que afetava os países da Europa Oriental, pois subvertia completamente a sua geografia econômica, dirigindo-a ao leste. Cabe lembrar que a União Soviética possuía 90% da superfície do COMECON e dos recursos energéticos, 70% de sua população, 65% do seu produto interno bruto (PIB) e sua capacidade industrial e militar era inferior apenas à dos EUA.

Em abril de 1949, os Estados Unidos e seus aliados da Europa Ocidental criaram a Organização do Tratado do Atlântico Norte (OTAN), que perpetuava, intensificava e legalizava a presença militar norte-americana no continente europeu. A divisão da Europa agora era completa, repercutindo na questão alemã. A URSS acabava com o bloqueio de Berlim em maio, e em setembro era fundada a República Federal da Alemanha (RFA), com capital em Bonn, reunindo as zonas de ocupação americana, francesa e britânica, nas quais se encontrava a quase totalidade das indústrias alemãs. No mês seguinte, ocorria a fundação da República Democrática Alemã (RDA) na zona de ocupação soviética, em Berlim Oriental, como reação, ainda não definitiva, ao estabelecimento da RFA. Ainda neste mês ocorreram a detonação da primeira bomba soviética e a criação da Reública Popular da China.

A partir de 1949, a Guerra Fria intensificou-se.

A formação das democracias populares teve processos comuns, apesar de certas diferenças estruturais e estratégicas. Logo após 1945, foram estabelecidos gabinetes de coalizão de onde somente excluíram-se os partidos fascistas e de direita colaboracionista com os invasores alemães. Logo depois, os membros dos partidos comunistas ocuparam os cargos de chefia e, com o tempo, estas *frentes populares* foram substituídas por governos de partido único (resultantes da fusão de comunistas e social-democratas), em seguida vítimas de expurgos, acusados de desvio nacionalista. Alguns países do leste (Hungria,

Romênia e Bulgária) haviam apoiado o Eixo e outros (Polônia, Tchecoslováquia, Iugoslávia e Albânia) foram invadidos. Pode-se dizer que na Polônia e na Hungria o apoio interno ao socialismo era limitado pelo sentimento nacionalista e antirrusso; na Romênia e na Bulgária, havia mais apoio popular; e na Tchecoslováquia e na Alemanha, a esquerda era forte (apesar de haver sido quase dizimada neste último).

As exceções foram a Albânia e a Iugoslávia, onde os comunistas ascenderam ao poder quase sem ajuda externa. Eram áreas que não estavam previstas para integrar a esfera de influência soviética, mas mantiveram-se como regimes socialistas. Em sentido contrário, o comunismo, que havia apoiado guerrilhas, era muito forte na Grécia (onde teria conquistado o poder, não fosse a intervenção inglesa), na França e na Itália. Nos dois últimos a presença americana conteve o movimento e reforçou os conservadores, mas os três países estavam "do lado errado" da linha de Yalta. Assim, quando se fala que alguns países europeus se tornaram socialistas "contra a vontade do povo", é bom lembrar que outros se mantiveram capitalistas também contra a vontade do povo.

O desenvolvimento desses países esteve associado ao da própria URSS, um processo geral no qual não faltaram crises e incidentes. Nos anos de domínio stalinista até 1953, as "vias nacionais para o comunismo" estavam condenadas. Com a morte de Stálin, as democracias populares adaptaram seus modelos econômicos e modificaram um pouco sua política, dando origem a certo "policentrismo". As revoltas de 1956, no contexto da desestalinização, ocorreram na Polônia e na Hungria, países que se encontravam em pleno êxodo rural e processo de industrialização, com uma massa disponível para o protesto social. Já na Alemanha Oriental e na Tchecoslováquia, já industrializadas, e na Romênia e na Bulgária, ainda agrícolas, não aconteceu o mesmo tipo de explosão. A Albânia afastou-se da URSS e aliou-se à China durante o cisma sino-soviético, e a Romênia manteve uma linha diplomática bastante independente.

O Leste Europeu era constituído por países frágeis, conservadores e agrários, a maioria tendo surgido após a Grande Guerra (1914-1918). A contenção das revoluções na região produziu duas décadas de contrarrevolução, em que as forças progressistas foram desmanteladas e a cultura política conservadora, que apresentava traços de torpeza e antissemitismo, aprofundada. Durante a Segunda Guerra Mundial a situação piorou, com a aliança com o III Reich e a invasão da URSS. Com a vitória soviética, as elites locais ficaram em uma posição frágil, e a esquerda pôde se recompor, sempre vigiada de perto pelos soviéticos. O projeto do Kremlin não era tornar estes países socialistas, mas mantê-los sob sua influência, como uma zona tampão (*Glacis*) protetora.

Foi o desencadeamento da Guerra Fria que levou Moscou a enquadrá-los no modelo soviético e ligá-los à URSS de maneira firme. Os soviéticos, apesar de cobrarem indenizações de guerra (até 1953) dos que participaram do Eixo e perpetraram destruições em seu território (causando ressentimentos), não "exploraram" o Leste Europeu. Pelo contrário, contribuíram decisivamente para a industrialização e para o desenvolvimento social destes, tendo prejuízo econômico, mas ganhos estratégicos. O modelo de democracia popular previa governos apoiados numa frente antifascista, elemento que serviu de base legitimadora. Os novos partidos hegemônicos pós-1949 haviam incorporado várias forças políticas aliadas. Mas, apesar da urbanização, da modernização e da industrialização promovidas pelo socialismo, que elevaram a qualidade de vida da população, graves problemas persistiram.

A torpeza e o conservadorismo permaneceram enraizados em boa parte da população (a Polônia e a Hungria foram casos quase patológicos); muitos julgavam a tutela de Moscou uma subordinação a uma grande potência "externa", pois, afinal, eles se consideravam integrantes da Europa. O termo de comparação contemporâneo não era seu passado de subdesenvolvimento e ignoravam a vizinha Europa atrasada do Mediterrâneo, mas sim a Europa Ocidental hiperdesenvolvida, com a qual faziam fronteira (os tchecos se comparavam aos alemães e os húngaros aos austríacos, sempre sonhando com as "glórias do império perdido"). A instalação do Estado de Bem-Estar Social, de consumo e de seu mecanismo ideológico-propagandístico do outro lado da fronteira, sem dúvida foi decisivo. O povo polonês, com a divisão da Alemanha, em vez de superar o complexo de cerco entre duas potências, passou a se sentir prisioneiro do comunismo e a olhar para a Suécia, do outro lado do Báltico, onde alguns dos cidadãos prestavam trabalhos nas férias colhendo frutas.

Outro problema estrutural era a pouca margem de manobra dos regimes, pois Moscou, em última instância, considerava-os parte de um esquema militar e diplomático defensivo, exercendo uma postura ambígua e tratando-os com arrogância e até desprezo. Quando Gorbachev achou que não eram mais necessários, abandonou-os sem qualquer consideração, embora tenha pago muito caro por isso. Ao contrário das Revoluções Chinesa e Cubana, que sobreviveram à queda da URSS, eles teriam de lidar diretamente com grandes potências vizinhas e seu poder de atração sobre a população. Mas a existência desta "outra Europa" integrada influiu positivamente no lado ocidental, com integração (Comunidade Europeia), bem-estar social e superação das rivalidades da guerra.

3.2 A REVOLUÇÃO CHINESA: ALIADA OU CONCORRENTE?

Paralelamente a esse processo, os dólares do Plano Marshall começavam a chegar à Iugoslávia, e a esquerda grega, sem auxílio soviético, era esmagada. Os acontecimentos do continente europeu fugiram aos planos de Stálin, particularmente quanto à questão alemã. Em vez de uma Europa de poderes equilibrados, onde ele poderia jogar com a divisão entre os adversários, a parte desenvolvida do continente estava unificada, sob controle americano, enquanto a URSS dominava seis países pequenos e atrasados do Leste Europeu.

Ao mesmo tempo, os soviéticos detonavam sua primeira bomba atômica e os comunistas chineses venciam a guerra civil, proclamando, no dia 1° de outubro de 1949, a República Popular da China (RPC), o país mais populoso do planeta. A Guerra Fria chegava a um impasse. Além disso, os grupos políticos conservadores (sobretudo norte-americanos) decidiram fabricar a bomba de hidrogênio e promover a política de perseguição política da esquerda pelo macarthismo nos Estados Unidos.

Stálin não desejava uma vitória comunista na China, difícil de absorver, para ele e para os norte-americanos, mas sim um equilíbrio de poder ou neutralização nas fronteiras orientais, pois a frente principal era a Europa. Mas a determinação de Mao Tsé-Tung, a debilidade do Kuomintang (Partido Nacionalista chinês) e o fracasso da estratégia europeia do Kremlin levaram o líder soviético a buscar uma compensação estratégica na Ásia. Foi dado sinal verde para a Revolução Chinesa (que já se encontrava em estado avançado), como forma de criar um equilíbrio que compensasse o que considerava uma ameaça na Rússia europeia.

Assim surgia a República Popular da China como grande nação socialista, que assinaria um Acordo de Defesa e Cooperação com a URSS no início de 1950. A nova China era frágil, pois os norte-americanos estavam no Japão e na Coreia do Sul, e protegiam Taiwan. Além disso, um exército do Kuomintang se encontrava na fronteira da Birmânia. A década de 1950 foi marcada por uma aliança entre a China e a União Soviética, que colaborava na reconstrução de um país que se encontrava em guerra (civil e externa) havia 150 anos, desde as guerras do ópio. Não havia outra opção para Pequim.

Nesse sentido, nove meses depois da implantação da República Popular da China, eclodiu a Guerra da Coreia, com o norte socialista avançando triunfalmente em direção ao sul capitalista. Stálin hesitou, mas deu o seu consentimento para a ação após negociar com Mao Tsé-Tung e com Kim Il-Sung, apoiando materialmente, mas sem envolver suas tropas. Esperava uma campanha rápida, o que era do interesse chinês, para afastar a ameaça americana. Mas os Estados Unidos, sob incumbência da ONU, promoveram uma intervenção maciça, e a guerra se prolongaria por quase três anos, obrigando os chineses a intercederem para salvar os norte-coreanos. O conflito, o primeiro que os EUA não venceram, levou Washington a promover o rearmamento massivo e a remilitarização da Alemanha Ocidental, o que acabou se tornando o pior pesadelo de Moscou.

Stálin desejava manter o controle sobre as nações socialistas, mas a China era diferente do Leste Europeu: sua Revolução era autônoma; tratava-se de um Estado e civilização de grandes dimensões, com mais de 4 mil anos de história e a maior população do mundo. A China, que desejava ser reconhecida internacionalmente e se obter um lugar privilegiado no mundo comunista, tinha de aguardar até que sua situação se consolidasse. No entanto, ela apenas iria se complicar. A desestalinização, iniciada em 1956 por Krushchev, contemplava um grave problema para a China: a noção de Coexistência Pacífica, que implicava em um congelamento da ordem mundial e um *modus vivendi* entre os EUA e a URSS. Isso impediria que a reunificação territorial chinesa ocorresse, pois Moscou não desejava uma nova guerra na Ásia.

Ironicamente, Mao começou a defender Stálin (falecido em 1953) e seus seguidores contra Krushchev. Além da questão interna e externa, estava em jogo a liderança no mundo comunista, pois os sucessores de Stálin eram burocratas desconhecidos e Mao era o líder mundialmente reconhecido de uma grande revolução recém-vitoriosa. A ruptura partidária sino-soviética e do movimento comunista ocorreria em 1963, quando Kruschev tratou os líderes chineses com arrogância e com a adoção de uma postura diplomática que visava à independência frente ao "grande irmão" soviético. Os Partidos Comunistas se dividiram em todo o mundo entre facções pró-soviéticas e pró-chinesas. O Campo Socialista deixava de existir, e Moscou comandava agora apenas o Campo Soviético, compreendendo a URSS e o Leste Europeu, o que influenciaria na queda de Krushchev.

Ele também cancelara o acordo nuclear assinado entre Moscou e Pequim, irritando os chineses, que passaram a denominar a URSS como uma potência "social-imperialista". A China não era nenhuma Polônia ou Hungria, onde era possível uma intervenção. O Grande Salto à Frente, mais do que uma política econômica, representava uma estratégia de defesa contra a URSS e os EUA, disseminando por seu território pequenas siderúrgicas, para o caso de uma guerra nuclear destruir as cidades industriais. Os países do Leste Europeu também buscaram autonomia, como a Romênia, ou se aliaram à China, como a pequena Albânia, irritada com a reaproximação entre a União Soviética e a Iugoslávia de Tito (e seu comunismo autogestionário e liberal), promovida por Krushchev.

A China Popular atravessou um período difícil durante a década de 1960, com experimentos trágicos, como a Revolução Cultural e conflitos dentro do partido, além de isolamento internacional. Para os líderes chineses, as duas superpotências seriam igualmente imperialistas, o que também foi desgastante para a URSS. Mas a situação se agravou quando, em 1971, a China estabeleceu uma aliança com os Estados Unidos, obrigando Moscou a militarizar suas imensas e desabitadas fronteiras (e as da Mongólia) com a China. Em 1969 ocorreram incidentes armados entre os dois gigantes do mundo comunista.

3.3 O INTERREGNO KRUSHCHEV: O OUTRO LADO DA DESESTALINIZACÃO

Stálin faleceu em 5 de março de 1953, sem a indicação de um sucessor, pouco depois de profundas mudanças anunciadas no XIX Congresso do PCUS de outubro de 1952. Isso gerou incerteza e acirrada luta pelo poder, que conduziu à desestalinização no XX Congresso do Partido Comunista (1956), com o Relatório Secreto de Krushchev. Ele afirmou seu poder e gerou expectativas quanto a mudanças internas e externas. De fato, houve liberalização interna, melhoria nas condições de vida e formação de uma diplomacia mundial que rompia o isolamento do país. Mas Krushchev governou de forma personalista e errática, prometendo mais do que podia cumprir, provocou a ruptura com a China Popular e fracassos internacionais, como a Crise de Berlim (1961) e a Crise dos Mísseis de Cuba (1962), e acabou derrubado em 1964. Suas reformas permaneceram incompletas.

KRUSHCHEV, A "LIBERALIZAÇÃO" POLÍTICA E AS REFORMAS ECONÔMICAS (1953-1964)

Os anos finais de Stálin foram marcados tanto por aspectos repressivos quanto transformadores. Com sua saúde debilitada, ele se ausentava de Moscou por longos períodos (até três meses) para tratamento de recuperação no mar Negro e no Cáucaso. Mas, ao mesmo tempo em que preparava um novo Congresso (não eram realizados desde 1939), desencadeou campanhas repressivas contra a "máfia mingreliana" (Béria e seus amigos georgianos), a comunidade judaica e os médicos (janeiro de 1953). O alvo era uma facção do Partido, o temor de um assassinato e organizações judaicas com conexões internacionais, acusadas de americano-sionistas e antissoviéticas. Em fevereiro de 1953 rompeu relações com Israel, Estado cuja criação a URSS apoiou na ONU e enviando armas. À parte certa paranoia, a lógica era indicar a sua sucessão e realizar uma mudança geracional e institucional do partido e do Estado no XIX Congresso do PCUS, mais uma vez empregando o terror para controlar os potenciais adversários.

Em outubro de 1952 ficou decidido que haveria uma mudança nas esferas decisórias, que incluía quadros mais jovens e reduzia o poder dos veteranos. No entanto, as diretrizes não chegaram a ser implementadas e nunca houve a indicação formal de um sucessor, que os irmãos Medvedev (2006) apresentam evidências como sendo Mikhail Suslov, que foi o ideólogo do Partido até sua morte, em 1982. Os aspirantes à sucessão prejudicados pelas novas regras, Krushchev, Béria e Malenkov, tiveram um inverno tenso e conspirativo. Em 1° de março de 1953 Stálin sofreu um derrame e ficou mais de 12 horas sem socorro na sua dacha (casa de campo), em meio a ordens e contraordens do trio, que utilizou o tempo para negociar a sucessão e neutralizar qualquer reação. No dia seguinte, quando Stálin foi levado ao hospital, seus documentos desapareceram, pois poderiam incriminar os três aspirantes ou ser usado contra adversários. Os arquivos nunca mais foram encontrados e Stálin faleceu dia 5 de março, causando imensa comoção popular e alívio para os sucessores, que compartilharam o poder e começaram a lutar entre si.

Durante a direção coletiva, as rivalidades dentro do partido continuavam, inclusive após a execução de Béria, o líder da polícia política (acusado de tentar tomar o poder), que, paradoxalmente, pregava a liberalização. Krusschev foi eleito secretário do partido, e Malenkov, líder do governo. O primeiro acabou predominando em 1955 com a demissão do segundo, e em 1957 expurgou o "Grupo Antipartido", expulsando Molotov, Voroshilov, Kaganovich (elementos "stalinistas") e, logo, Zhukov perdeu sua posição.

Kruschev adotou uma linha que se apoiava nas ideias de Bukharin, em favor do camponês, do aumento do consumo e da descentralização do planejamento econômico e em "competir com o capitalismo", ideias que seriam retomadas por Gorbachev mais tarde. Nesse contexto, apoiava maior autonomia privada na economia (ainda que sob a rubrica de "cooperativas"), dando origem institucional à chamada segunda economia ou economia paralela.

O XX Congresso do PCUS (1956) lançou a campanha de desestalinização, que causou um impacto devastador. A direção coletiva do partido concordou em acabar com a repressão do governo de Stálin, além de elevar a qualidade de vida da população. A rejeição do modelo anterior foi divulgada no *Discurso Secreto* de Krushchev (logo vazado ao exterior) denunciando o Culto à Personalidade, o qual repercutiu por todo o Campo Socialista e no Partido Comunista. Ele, que fora um dos executores de muitos dos atos que denunciava, buscava com essa política deslegitimar seus rivais dentro do partido. No mesmo ano, dissolveu o Kominform. Também teorizou a diversidade de caminhos para o socialismo, inclusive aventando a possibilidade de transição pacífica, a qual visava facilitar as alianças políticas nos países do Terceiro Mundo. Sua noção de distensão internacional se baseava no congelamento da situação mundial, o que afetava e subordinava as revoluções mais jovens, como a Chinesa.

O Congresso pode ser considerado um divisor de águas, pois representou o início da erosão da legitimidade do sistema e do reforço do anticomunismo. A esquerda, para escapar da realidade denunciada por Krushchev (visivelmente exagerada, distorcida e até falseada), buscou a fuga na suposta "pureza do marxismo" (criticando Stálin e, depois, Lênin), enquanto os liberais e os conservadores concentravam-se, comparativamente, na "pureza do Ocidente" frente ao comunismo. A *desestalinização permanente*, mais e mais radical, denunciando "o Deus que falhou", serviu para anular toda identidade e autoestima, e para conduzir, 35 anos depois, à capitulação e à implosão do sistema e do país.

As políticas de Krushchev eram problemáticas tanto no sentido ideológico quanto em termos práticos, pois encorajaram o país a olhar para o Ocidente, não apenas na busca de métodos de produção, mas como parâmetro comparativo das realizações soviéticas. Os objetivos socialistas foram deformados como competição material e cediam no plano ideológico, criando uma mentalidade de permanente inferioridade (um fenômeno cíclico na história russa), estimulando uma sociedade consumista estranha ao ideário socialista. Stálin, em *Problemas econômicos do socialismo* (1952), advertira que "deixar de dar primazia aos meios de produção [iria] destruir a possibilidade de expansão contínua de nossa economia nacional".

Retomando políticas semelhantes à NEP, Krushchev decidiu ampliar a produção agrícola de imediato, desencadeando, em janeiro de 1954, uma campanha nacional pelo cultivo das *Terras Virgens* (as savanas e estepes menos férteis do sul da Sibéria e norte do Cazaquistão), com 300 mil voluntários, que plantaram 27 milhões de hectares em dois anos. O sucesso inicial levou o líder soviético a considerar que o caminho para o comunismo se aproximava e substituiu os conceitos de "ditadura do proletariado", "partido de vanguarda" e "Estado operário-camponês" por noções como "Partido e Estado do povo inteiro", diluindo o conteúdo de classes antagônicas ainda existentes. Por essa razão, bem como a política econômica e internacional errática, ele enfrentou forte oposição. Após eliminar Béria, Molotov, Malenkov e Kaganovich da direção, no XXII Congresso do PCUS, em 1961, retomou o ataque a Stálin e à linha defendida pelo antigo líder, visando barrar a oposição que crescia contra Krushchev. Para excluir as teses do falecido líder, ele simplesmente eliminou Stálin da história da URSS, deixando espaços vazios e questões sem resposta.

A política interna de Krushchev dava ênfase à agricultura e aos bens de consumo, dificultando a planificação e relegando os bens de capital a segundo plano. Para lidar com este problema, o líder soviético decidiu pela descentralização radical e, em maio de 1957, foram abolidos mais de trinta ministérios de planificação e implantados mais de cem conselhos econômicos locais. A coordenação da produção e abastecimento ficou ainda mais difícil, já que os interesses locais suplantavam o interesse nacional. A burocracia, que se sentia aliviada pelo fim da repressão de Stálin sobre ela, queria estabilidade e uma posição de maior destaque e poder, mas as constantes reformas de Krushchev geravam incerteza e fracassos.

Com o chamado *degelo* político-cultural, houve maior abertura a arte moderna, cinema, poesia, romances e críticas. Obras antes proibidas foram enfim publicadas. O resultado foi ambíguo, pois reintegrou perseguidos, mesmo antissocialistas, causando confusão ideológica. Elementos comprometidos com o stalinismo, como ele, adotavam um discurso liberal, introduzindo uma dimensão de cinismo, e quando se sentia desafiado pelos reabilitados, Krushchev voltava a exercer a censura. Além disso, anistiou milhões de prisioneiros dos gulags, mas essas pessoas, em geral, não foram reinseridas no sistema. Da mesma forma, povos antes deportados, como os chechenos e os tártaros da Crimeia, foram perdoados e autorizados a retornar. Krushchev, que teve apenas dois anos de educação formal, nasceu em 1894 na fronteira da Rússia com a Ucrânia, tendo vivido mais na última, a que sempre favoreceu, inclusive entregando-lhe a Crimeia, povoada por maioria russa.

Krushchev modificou a estrutura, mas não alterou totalmente o stalinismo, que representava um sistema repressivo, com o tradicional autoritarismo russo, mas viável e eficaz. Restaurou parcialmente a legalidade, eliminando o terror e práticas mais arbitrárias, e interrompeu os expurgos na burocracia, mas sempre humilhava publicamente seus auxiliares. Todavia, os resultados de suas políticas voluntaristas e erráticas agravaram ainda mais os problemas do partido, do Estado, da economia, da ideologia e da política internacional.

Em outubro de 1964 foi derrubado do poder por um golpe palaciano organizado pelos líderes do partido, do Estado e da KGB, mas não do Exército, e confinado em sua *dasha*. Seu nome nunca mais foi mencionado pelos governantes posteriores e ele veio a falecer em 1971. Foi o único líder soviético a não morrer no cargo. Mas isso não significou que as ideias liberalizantes tivessem desaparecido, pois ele mudara a forma de recrutamento do PCUS, colocara pessoas afins em posições-chave e influenciara a mentalidade da população. Por outro lado, deixou um espaço para o avanço da segunda economia (ou paralela), e Brejnev, seu sucessor principal, colocou em prática uma política de acomodação e pacificação, eliminando apenas os aspectos mais desagregadores de suas políticas.

A sociedade que os herdeiros de Krushchev encontraram era bem diferente daquela deixada por Stálin. Doze anos depois da morte de Stálin, cerca de 53% da população soviética era urbanizada, um desenvolvimento que tornou a sociedade mais fácil de mobilizar, mas mais difícil de controlar, não só pela complexidade organizacional, mas também por conta da melhoria na saúde e do aumento da educação. Diminuiu drasticamente o número de moradores de apartamentos coletivos e alojamentos, o que refletiu diretamente no consumo. O aumento do consumo de carne (57%), peixe (80%), vegetais (41%) e frutas (155%), além de eletrodomésticos, que, apesar de ainda serem demorados de obter, contrastavam com a austeridade anterior (Tompson, 2003).

EM BUSCA DE UMA DIPLOMACIA MUNDIAL

Após a morte de Stálin, em 1953, foi estabelecida a primeira *détente* (distensão) leste-oeste e, posteriormente, o impacto da desestalinização permitiu a estruturação de novas relações entre os países socialistas. As empresas mistas foram dissolvidas, e seu patrimônio, entregue aos respectivos países, sobretudo China e Alemanha Oriental (RDA). Ademais, o caminho iugoslavo foi reconhecido como legítimo, e as relações com Moscou, restabelecidas. Contudo, o rearmamento da RFA e sua integração à OTAN reviveram velhos temores dos soviéticos, que reagiram, organizando, com Polônia, Alemanha Oriental, Tchecoslováquia, Hungria, Romênia, Bulgária e Albânia, a Organização do Tratado de Varsóvia, ou *Pacto de Varsóvia* (1955), aliança militar que contrapunha à OTAN. A Albânia logo o abandonaria.

A desestalinização, por sua vez, criou um clima de incerteza política ao reconhecer o pluralismo de vias ao socialismo e ao solapar a legitimidade das lideranças das democracias populares do Leste Europeu, que em boa medida deviam seu poder a Stálin. Nas sociedades já industrializadas, como a RDA e a Tchecoslováquia, e nas agrárias, como a Romênia e a Bulgária, as mudanças políticas ocorreram sem problemas graves. No entanto, a Polônia e a Hungria se encontravam em acelerada industrialização e eram sociedades em plena mobilização e urbanização. Na Polônia, abraçando o nacionalismo, os comunistas evitaram o pior, mas, na Hungria, o Partido Comunista e o Estado se desintegravam, e a revolta armada eclodiu, deflagrando a traumática intervenção soviética. A revolta antissocialista foi esmagada, com um saldo de 20 mil mortos e 150 mil exilados. Ironicamente, o próprio Kádár após reprimir os líderes do levante e consolidar o regime, promoveu reformas econômicas liberalizantes e ampliou o consumo individual. (Levésque, 1980, p. 175).

O desgaste político da intervenção na Hungria, por outro lado, foi compensado pela atitude da diplomacia soviética na crise de Suez. Após apoiar o neutralismo, Nasser viu os Estados Unidos retirarem a oferta de financiamento à barragem de Assuã. Necessitando de recursos para o desenvolvimento econômico e as reformas sociais que prometera ao miserável povo egípcio, Nasser nacionalizou o Canal de Suez em julho de 1956. Em novembro, tropas francesas, inglesas e israelenses atacaram a zona do canal e a península do Sinai. O velho colonialismo franco-britânico fazia um último esforço para recuperar suas posições no Oriente Médio, e Israel tentava tirar proveito da situação. Os soviéticos lançaram um ultimato exigindo a retirada das forças invasoras e ameaçando intervir militarmente. Para não serem ultrapassados pelos acontecimentos, os Estados Unidos também pressionaram seus aliados a evacuar o Egito, o que ocorreu em dezembro. A crise de Suez permitiu a Krushchev aumentar a influência da URSS na região e a Nasser transformar uma derrota militar em triunfo político.

A URSS de Krushchev, mesmo marcada pelo desconcertante voluntarismo de seu líder, atingiu, na segunda metade da década de 1950, a condição de potência mundial. Ainda que, sob o comando de Stálin, fosse uma superpotência no contexto da ONU, materialmente seguia a política do Socialismo em um Só País, com interesses apenas em suas regiões fronteiriças.

O país se recuperara, no plano econômico e demográfico, do baque sofrido na Segunda Guerra, atingira um relativo equilíbrio nuclear na Europa e ultrapassara os EUA na corrida espacial, ao lançar o *Sputnik*, o primeiro satélite artificial, em 1957, e colocar o primeiro homem em órbita pouco depois. As realizações tecnológico-militares não se restringiram à corrida espacial. A tecnologia de mísseis foi desenvolvida, tanto no que se refere aos de médio alcance quanto aos antiaéreos que derrubaram o avião espião norte-americano U-2 sobre território soviético.

Moscou superara a fase em que a extrema vulnerabilidade do país obrigava Stálin a uma atitude apenas reativa e defensiva nas relações internacionais. Krushchev implementou, ainda que com muitas deficiências, uma diplomacia realmente mundial, com programas de ajuda ao nacionalismo do Terceiro

Mundo (embora modestos). A União Soviética agora se percebia como potência e, nos marcos da Coexistência Pacífica, se propunha a ultrapassar economicamente os EUA em pouco tempo. Essa política econômica era muito criticada. Diferentemente do que Stálin havia alertado, Krushchev deu ênfase à indústria de bens de consumo, em detrimento da pesada, perdendo a capacidade de produzir meios de produção e de manter o crescimento econômico. Para os opositores, essa competição com os Estados Unidos e com a Europa Ocidental era algo que a URSS não conseguiria ganhar e nem deveria empreender.

John F. Kennedy assumiu a Casa Branca em 1961 herdando certo pessimismo americano quanto à situação da Guerra Fria, e três meses depois sofreu o revés da Baía dos Porcos, em Cuba. Urgia uma reação, e o presidente ordenou que fossem construídos vários porta-aviões nucleares e aumentou substancialmente o orçamento militar norte-americano, o efetivo da OTAN e o envolvimento no Vietnã. No plano diplomático, após o fracasso das conversações de Viena, endureceu a posição norte-americana quanto ao problema de Berlim. Em resposta, o Kremlin resolveu atender à velha reivindicação da RDA de controlar a fronteira de Berlim Ocidental e, em 13 de agosto de 1961, foi construído o muro de Berlim. A questão de Berlim chegava, no plano diplomático, a um desfecho de fato, já que a situação jurídica se encontrava num impasse. Durante uma década, Berlim Ocidental recebera mais investimentos públicos e ajuda do que toda a América Latina, criando um contraste favorável ao capitalismo no confronto entre os dois mundos existentes dentro da mesma cidade.

A Alemanha Oriental conseguiu, dessa forma, deter o êxodo de uma classe média especializada que saía do país desde o "milagre" da Alemanha Ocidental, e então a RDA, mesmo em condições adversas, logrou êxitos econômico-sociais expressivos. Mas, em termos de legitimidade, o muro foi uma solução contraproducente para a propaganda de Krushchev e para o socialismo. O Muro de Berlim representava a resposta soviética ao fracasso da diplomacia direcionada ao problema alemão, quando cedeu ou ofereceu sem nada receber em troca: retirou-se da Áustria e reconheceu a RFA; fez propostas sobre Berlim e a neutralização da Alemanha.

Em seguida os Estados Unidos desmascararam o blefe nuclear de Krushchev (o *Missile Gap*), descobrindo que a URSS não se encontrava em vantagem estratégica. Isso se somou à proclamação de Cuba como Estado socialista e ao bloqueio americano para estimular a decisão soviética de instalar mísseis na ilha (1962). Descobertos antes da fase operacional, os mísseis perderam parte da importância diplomática. Em face da violenta reação norte-americana, os soviéticos foram humilhados e retiraram os mísseis de Cuba, em troca do compromisso dos EUA de não invadir o país.

Apesar dos avanços diplomáticos, a URSS encontrou problemas sérios no movimento comunista, pois a desestalinização introduziu nele um clima de desmoralização. Os sucessores de Stálin eram figuras desconhecidas ao lado de Mao Tsé-Tung, que ampliou seu prestígio ao advertir Krushchev dos riscos da desestabilização da Europa Oriental, devido às decisões do XX Congresso do PCUS. Além disso, a Coexistência Pacífica tendia a congelar a situação mundial em níveis que condenavam a China Popular a permanecer uma potência de segunda ordem, bem como enfraquecia o movimento revolucionário e o Campo Socialista. Ao se voltar para o Terceiro Mundo neutralista e nacionalista, a URSS resolveu apoiar a Índia, com a qual a China tinha sérios contenciosos regionais. A Albânia, ao criticar o apoio de Krushchev ao revisionismo iugoslavo – percebido como fonte corruptora do mundo socialista –, passou a ser duramente atacada pela liderança soviética. Essa atitude tinha como objetivo pressionar a China, da qual a Albânia se aproximava. Chu En-Lai defendeu, então, os comunistas albaneses no XXII Congresso do PCUS e homenageou Stálin, desafiando Krushchev. Era o início do confronto aberto entre Moscou e Pequim, que atingiria seu ápice na década seguinte.

A segunda metade da década de 1960 assistiu à manutenção da *détente* entre as superpotências, em decorrência de diversos fatores. Em 1963, Kennedy morrera assassinado, um ano depois Krushchev fora derrubado e os sucessores de ambos procuravam recuperar a posição de seus países. Washington intensificava sua ofensiva na América Latina e no Vietnã, enquanto Moscou tentava restaurar sua liderança no Campo Socialista, que Krushchev deixara em tremenda desorganização. Assim, os EUA aceitaram negociar vários acordos sobre a limitação de armamentos – acordos postos em prática, inicialmente, com a interdição parcial de explosões nucleares na atmosfera e no mar, em troca da redução do envolvimento soviético no Terceiro Mundo, que apoiava o nacionalismo emergente. Os soviéticos, por sua vez, buscaram um verdadeiro equilíbrio militar estratégico, após as desastradas ações de Krushchev e seus blefes mal sucedidos mostrarem quão vulnerável era o país.

3.4 A URSS DIANTE DA REVOLUÇÃO NO TERCEIRO MUNDO (1970-1980)

A União Soviética sempre enfrentou um dilema estrutural: tornara-se uma nação poderosa porque fizera uma Revolução, mas essa condição gerava uma reação do sistema mundial, que permanecia capitalista. Uma década depois do fim da Segunda Guerra Mundial, a descolonização, o nacionalismo e as revoluções transformavam o Terceiro Mundo, que se tornou a nova frente de disputa estratégica da Guerra Fria. Moscou e Washington respeitavam reciprocamente as áreas de influência já demarcadas, mas a evolução política causava novos focos de tensão a cada dia. Embora respondessem através de aliados e grupos *proxy* ("testas de ferro"), a resposta do Kremlin foi ambígua, pois não poderia ignorar as novas revoluções, por mais problemas que criassem.

DA DÉCADA REVOLUCIONÁRIA DE 1970 À REAÇÃO DOS ANOS 1980

Nos anos 1950 e 1960 a URSS jogou, sem um projeto estratégico bem-definido, a favor do nacionalismo emergente, mas foi ultrapassada pelos acontecimentos. A Revolução Cubana de 1959 introduziu Moscou no hemisfério ocidental, gerando problemas com os Estados Unidos, especialmente porque Fidel Castro não se subordinava ao padrinho socialista. Krushchev lidou mal com o problema, provocando um descontentamento tanto em Cuba quanto nos EUA – e inclusive na cúpula soviética. Mas Cuba foi isolada das Américas, esfriou suas relações com a URSS e buscou atuar na África, juntando-se ao Movimento dos Países Não Alinhados. Não houve outras revoluções na década de 1960 e a questão permaneceu em compasso de espera. De relevante, a Guerra dos Seis Dias de Israel contra o Egito e a Síria levou à ruptura de Moscou com Tel Aviv e à aproximação com os regimes do Baas no Iraque e na Síria, bem como com a Líbia de Kadafi.

A aliança sino-americana de 1971 sem dúvida alterou o equilíbrio estratégico eurasiano e mundial. No lugar de uma confrontação bipolar regulada, em que os demais países desempenhavam um papel limitado, surgiu um cenário no qual uma terceira potência, a China, já era capaz de alterar o jogo internacional na Ásia, agora mais complexo. A nova correlação internacional de forças então criada gerou um desequilíbrio estratégico, claramente desfavorável aos soviéticos, que se viram obrigados a militarizar a Sibéria e a Ásia

Central a um enorme custo. Frente a esse quadro, a URSS passou a apoiar movimentos revolucionários, anti-imperialistas e nacionalistas do Terceiro Mundo. A liderança cautelosa de Brejnev foi desmoralizada perante os militares, com a derrubada de Salvador Allende no Chile em 1973, pondo fim à noção de transição pacífica ao socialismo.

Além da ajuda direta, sempre problemática, os soviéticos passaram a desenvolver sua política em relação a esses movimentos por meio de Cuba, cuja reaproximação com o Kremlin aconteceu em 1973. Sob o comando de Brejnev, a URSS havia atingido uma relativa paridade estratégica com os EUA (mísseis intercontinentais, alianças no Terceiro Mundo, uma Marinha de alcance mundial) que se viu bruscamente rompida pela aliança sino-americana. Tentando retomar o *status quo* anterior, Moscou passou a potencializar esses processos de ruptura na periferia terceiro-mundista e a estabelecer com os novos regimes uma série de pontos de apoio, às costas de seus adversários norte-americanos e chineses.

A partir de 1973 houve uma série de conflitos e revoluções que alteraram a situação mundial: a Guerra do Yom Kippur (em que os soviéticos ajudaram o Egito, que depois os expulsou) e, um ano depois, a revolução etíope e a queda do salazarismo, que preparou as independências das ex-colônias portuguesas, em particular Angola e Moçambique, com regimes marxistas. O Chifre da África e a região austral do continente se tornaram palco de guerras convencionais com o envolvimento de grandes potências. Moscou vacilou, mas os cubanos criaram fatos consumados que não deixaram aos soviéticos outra alternativa senão o envio de assessores e uma grande quantidade de armas modernas. O mesmo cenário viria a se configurar no Sudeste Asiático (Vietnã contra China e Camboja), no Iêmen do Sul, na Nicarágua e, enfim, no Afeganistão.

O surgimento de tantos regimes socialistas fez com que a União Soviética se envolvesse em regiões muito distantes e a colocou numa inédita situação de poder, mas também de dificuldades estratégicas e econômicas. Os soviéticos não estavam preparados para lidar com as Revoluções que eclodiam pelo Terceiro Mundo e o paradigma de sua política internacional vivia um impasse. Não se tratava apenas de lidar com revoluções, mas do apoio a regimes como os da Síria, do Iraque, da Líbia e de movimentos de libertação nacional africanos, especialmente na luta contra o *Apartheid*. Nesse contexto, essas Revoluções apoiadas pelo Kremlin, a derrota militar americana no Vietnã e a crise econômica mundial afetavam o equilíbrio global e criavam forte apreensão no Ocidente. A

União Soviética estaria preparada para lidar com a situação e com a reação que ela implicava?

Com a saída de Richard Nixon da presidência dos Estados Unidos, após o escândalo de Watergate, em 1974, o governo posterior parecia seguir uma linha de continuidade. Contudo, em meados de 1975, o governo Ford alterou sua posição, baseado no aumento do ativismo democrata no Congresso, na derrota de seus aliados na Indochina, além da crise em Angola. Em 1977, Jimmy Carter assume o poder deixando Brejnev com certa esperança de que a estabilidade seria atingida, apesar da retórica baseada nos direitos humanos. Assim que Carter assumiu, Brejnev proferiu um discurso em que afirmava ser impossível atingir superioridade militar, dado que a vitória em uma guerra nuclear não existia, visando a uma acomodação com a nova administração norte-americana. No entanto, a relação entre as duas potências só deteriorou.

Existe um mito largamente difundido de que a Nova Guerra Fria teria sido desencadeada por Ronald Reagan como reação à intervenção soviética no Afeganistão, que se teria aproveitado das boas intenções diplomáticas da administração democrata anterior. No entanto, a reação conservadora já havia se iniciado na segunda metade do governo Carter, quando assessores como Brzezinski e Brown começaram a atacar a *détente*. Em 1978, a direita americana conseguia se recuperar do golpe sofrido no Vietnã e restaurava seu domínio no Congresso, obrigando o governo Carter a mudar sua política.

Antes de os soviéticos invadirem o Afeganistão, a *nova direita* conseguira, no Congresso, aumentar o orçamento militar dos EUA (e logo se negaria a ratificar os Acordos SALT II sobre a limitação de armas nucleares), aprovar o projeto da construção da bomba de nêutrons, obter o apoio para a guerrilha afegã, interromper o diálogo com o Vietnã, criar a Força de Deslocamento Rápido – uma espécie de exército flutuante a patrulhar os litorais do Terceiro Mundo –, reequipar a OTAN e instalar os mísseis *Cruise e Pershing 2* na Europa. Quase uma década de vacilação americana chegava ao fim, encerrando a conjuntura favorável ao triunfo de revoluções no Terceiro Mundo. A eleição de Margaret Thatcher para primeira-ministra da Grã-Bretanha deu início à ascensão conservadora na Europa.

Quais as razões dessa virada espetacular? Era uma reação à desestruturação do sistema internacional: "A Nova Guerra Fria é principalmente o produto de uma desestabilização gigantesca e relativamente sincronizada do capitalismo periférico e semi-industrial na onda da crise econômica mundial." (Davis, 1985, p. 80). Revoluções selvagens e imprevisíveis ocorreram nos bastiões mais pobres do mundo e se somaram a um populismo religioso atávico no Oriente Médio e no Sahel (faixa sul do Saara), onde a pauperização absoluta alimentou o renascimento islâmico na esteira do colapso das sociedades tradicionais. As Revoluções antes descritas caracterizavam-se por um potencial de desestabilização regional que conferiu certa lógica à Teoria do Dominó, invocada por Washington. Além disso, URSS e Cuba passaram a apoiar mais diretamente as Revoluções do Terceiro Mundo na década de 1970, a fim de contrabalançar o eixo Washington-Pequim.

A Nova Guerra Fria consistiu, esquematicamente, no seguinte: os Estados Unidos desencadearam uma corrida armamentista convencional e estratégica – cujo ponto máximo seria a militarização do espaço pela Iniciativa de Defesa Estratégica (IDE), ou Projeto Guerra nas Estrelas – que os tornaria superiores em relação à URSS, abalando a frágil economia soviética (de 1979 a 1982, a produção industrial reduziu sua taxa de crescimento). A União Soviética, debilitada pelo aumento dos gastos militares e pelo embargo comercial dos Estados Unidos e seus aliados, ver-se-ia obrigada a limitar seu apoio às Revoluções do Terceiro Mundo, para reduzir a pressão militar norte-americana contra si. Dessa forma, Washington e seus aliados mais militarizados (como Israel, Paquistão e África do Sul) poderiam sufocar os movimentos e os regimes revolucionários surgidos na década anterior.

Paralelamente, buscariam controlar seus aliados-rivais bem-sucedidos economicamente (Europa e Japão), dividindo com eles o fardo dos gastos armamentistas e afastando-os da vantajosa cooperação econômica com a URSS e a Europa Oriental (daí a luta contra a construção do gasoduto Sibéria-Europa e a venda de tecnologia avançada aos países socialistas). Finalmente, os EUA tentariam abrir os países socialistas à economia ocidental, aumentando o controle sobre a política do bloco soviético e fornecendo alternativas financeiras e comerciais para a superação da estagnação econômica ocidental.

É importante ter em mente que a Guerra Fria não pode ser reduzida apenas ao conflito entre EUA e URSS. Isso diz respeito ao imediato pós-guerra, quando o capitalismo foi reestruturado sob a liderança norte-americana, anulando momentaneamente as rivalidades intercapitalistas e permitindo a atuação conjunta do sistema contra a URSS. A Revolução Soviética criara uma base industrial autônoma, capaz de lhe permitir independência de ação e de fornecer recursos econômicos e militares às Revoluções e ao nacionalismo nos países periféricos. Daí a necessidade de conter não uma inexistente "exportação da Revolução", e sim o apoio da União Soviética às revoluções e rivalidades surgidas espontaneamente no Terceiro Mundo. Assim, a corrida armamentista - nuclear ou não - representava o regulador de um sistema internacional em transição, convulsionado por rupturas revolucionárias - regulador este imposto pela economia dominante. O desenvolvimento nuclear, que resultou da corrida armamentista, serve para dar coesão aos blocos e regular o conflito entre eles, mas especialmente para manter a URSS contida como "segunda superpotência".

A Nova Guerra Fria tinha como um de seus componentes básicos o desencadeamento de uma vigorosa contrarrevolução no Terceiro Mundo. Washington desenvolveu a estratégia dos *Conflitos de Baixa Intensidade*, que seriam travados em teatros limitados visando desgastar economicamente e enfraquecer politicamente os regimes revolucionários terceiro-mundistas, a fim de derrubá-los. Sua eliminação poderia ocorrer por uma ação dos contrarrevolucionários domésticos, ou por uma invasão norte-americana (como aconteceu em Granada) ou de seus aliados regionais. Com os países socialistas na defensiva, essa tarefa não deveria ser difícil. Assim, dinheiro, armas e assessores, além de apoio de unidades especiais da CIA e de aliados como Israel, Paquistão e África do Sul, afluíram legal ou ilegalmente aos movimentos contrarrevolucionários ("os paladinos da liberdade" de Reagan) numa tentativa de reverter, na década de 1980, as revoluções ocorridas nos anos 1970. Em seguida os *contras* - ex-guardas somozistas, instalados em Honduras - atacaram a Nicarágua, sem conseguir implantar-se dentro do país, mas causando sérios danos à economia e aterrorizando a população, o que se repetiu em Angola, Moçambique, Etiópia, Afeganistão, Camboja e Vietnã.

POR QUE ESSES REGIMES REVOLUCIONÁRIOS SE INSPIRAVAM NO MODELO SOVIÉTICO?

O marxismo, e, depois, a prática do marxismo-leninismo, representava uma doutrina que oferecia uma série de soluções atrativas para os grandes desafios a países que se lançaram no caminho da ruptura revolucionária e na tentativa de construção de uma sociedade pós-capitalista. Nesse sentido, o primeiro atrativo que o marxismo derivado da experiência soviética oferecia era, obviamente, o de uma *doutrina revolucionária de conquista e manutenção do poder*. Diferentemente de muitos Estados coloniais ou semicoloniais - que faziam a

Revolução, primordialmente, através de ideologias nacionalistas e anticolonialistas, buscando a libertação em primeiro lugar –, os revolucionários que abraçaram o marxismo (com maior ou menor sinceridade) o consideravam uma alternativa radical e progressista ao *status quo* vigente. Isso se dava tanto no que se refere à organização de movimentos políticos e/ou armados para a conquista do poder e a mobilização de apoio popular quanto após conquistar o poder num contexto confuso de correlação de forças.

Em segundo lugar, o marxismo também oferecia a eles uma *doutrina de desenvolvimento*. Esta pregava a destruição do poder oligárquico que controlava o país até então, visto como uma obstrução ao bem-estar do povo, e a sua substituição por um Estado mais eficiente, combinado a um campesinato livre. Essa estratégia de desenvolvimento buscava paradigmas alternativos ao liberalismo de perfil neocolonial e à experiência puramente moralista e voluntarista, e foi baseada, portanto, nas premissas de desenvolvimento marxista-leninista, alicerçada em uma estrutura de planejamento central, distribuição socialista e, quando possível, industrialização.

Um terceiro e quarto apelos do marxismo-leninismo para o governo revolucionário era a *construção da nação*, fosse ela *unitária ou multiétnica, e do Estado*. Como lidar com as divisões internas decorrentes do baixo nível de desenvolvimento, do legado histórico e das manipulações dos colonizadores ou agentes externos? Era necessário forjar uma nação em novas bases. Certamente, a URSS, que combinava um governo central efetivo ao respeito às identidades culturais de diversas nacionalidades e a um considerável nível de autonomia, consistia em um modelo atrativo. Em uma relação dialética, os novos governos egressos do colonialismo ou do neocolonialismo contavam com aparatos administrativos limitados internamente e viciados pela dominação externa, direta ou indireta. Era necessário organizar um aparato capaz de dar conta da gigantesca transformação e conflitos que se avizinhavam, um Estado de novo tipo. Assim, o marxismo-leninismo também era *uma ideologia de controle estatal*.

Por fim, o quinto apelo do marxismo-leninismo para um governo revolucionário era a sua utilização como *fonte de apoio internacional* num contexto de Guerra Fria. A União Soviética, a China e a comunidade socialista em geral representavam, portanto, a única fonte consistente de suprimentos militares, legitimação, apoio político e econômico. A necessidade de conquistar suporte externo foi condição para a sobrevivência de muitos dos regimes marxistas.

Todavia, a ajuda soviética, além de criar certos laços de dependência, ficou geralmente restrita ao campo militar, deixando muito a desejar no campo econômico e financeiro.

3.5 A ERA BREJNEV: ESTAGNAÇÃO ECONÔMICA OU POLÍTICA?

A derrubada de Krushchev e a ascensão de Brejnev representaram a opção conservadora da burocracia estatal e partidária, que buscava estabilidade e privilégios. Em uma década a estabilidade se transformaria em estagnação política e crescimento econômico menos acelerado. Os altos funcionários – não mais perseguidos e sim eternizados no poder – formaram a casta corporativa e mafiosa conhecida como *Nomemklatura*. Apesar disso, durante esse período, a URSS atingiria seu ápice como potência mundial, obtendo paridade estratégica com os EUA. Com a morte de Brejnev, Andropov tentou realizar reformas socialistas, que deveriam ser continuadas por Gorbachev. Mas os protestos que surgiram com a *Perestroika* não foram causados pela insatisfação popular devido a limitados padrões de vida, mas sim pela abertura política, que alterou suas referências na avaliação do seu padrão de vida (Tompson).

A ERA BREJNEV (1964-1982)

Apesar de Brejnev ter coordenado as articulações para a remoção de seu protetor Krushchev, com apoio do ideólogo Suslov, a iniciativa do golpe se encontrava na alta burocracia partidária e no aparato do Estado, cansados de suas periódicas reorganizações político-administrativas e seus fracassos. A nova política visava à estabilidade e à ausência de conflito, qualidades que a burocracia via em Leonid Brejnev, que chefiaria o PCUS e as atividades políticas. Brejnev nasceu na Ucrânia, em 1902. O governo e a economia ficariam nas mãos de Aleksei Kosygin, tecnocrata competente e responsável pelo planejamento econômico, que não tinha ambições políticas. A diplomacia seria responsabilidade do experiente Andrei Gromiko, que nela atuava desde a Segunda Guerra Mundial, enquanto o ortodoxo Mikhail Suslov seguiria no controle das questões ideológicas.

Brejnev modificou apenas as políticas mais radicais de Krushchev, ofereceu maior consumo à população sem aumento da carga de trabalho, em troca de acomodação política. Ao mesmo tempo, incrementou a capacidade militar, a presença mundial e a ajuda ao Terceiro Mundo. A liberalização política e as reabilitações foram encerradas e houve um recrudescimento limitado e seletivo da repressão e da censura. Em 1968 surgiu a publicação clandestina *Samizdat*; em 1970 o escritor Alexander Soljenitzen ganhou o Prêmio Nobel de Literatura; e em 1975 o cientista e dissidente ativista dos direitos humanos Andrei Sakharov recebeu o Prêmio Nobel da Paz. Isso ocorria quando, no espírito da *détente*, a URSS firmava, em 1975, o Acordo de Helsinki sobre Direitos Humanos, nos marcos da Conferência de Segurança e Cooperação Europeia. Tal iniciativa se revelaria contraproducente para o Kremlin, pois seria usada pelo Ocidente contra o regime soviético.

Os conceitos de liberalização de Krushchev, todavia, não desapareceram com ele, pois ideias econômicas reformistas de mercado haviam sido disseminadas e relegitimadas nos círculos acadêmicos soviéticos. Mas durante a era Brejnev as reformas eram limitadas e cuidadosas. Kosygin conseguiu aumentar a produção por uma década, mas as expectativas da população também cresceram. Em 1966 foi firmado um acordo com a Fiat italiana para a instalação de uma fábrica de automóveis na cidade de Togliatti, a Lada, inaugurando a era do automóvel como transporte individual na URSS. Curiosa ironia, pois a maior empresa capitalista italiana se instalava na cidade que homenageava um líder histórico do comunismo italiano. Em 1971 Kosygin defendeu a cooperação com a Europa Ocidental para conseguir cumprir um Plano Quinquenal que prometia maior consumo à população. Era o mesmo momento em que a Alemanha iniciava sua *Östpolitik* de cooperação com o bloco soviético. Tudo isso ensejava profundas mudanças econômicas e internacionais.

Paralelamente, outros fatores atuaram para reforçar a tendência à multipolarização das relações internacionais, que sustentava a *détente*. Na transição da década de 1960 para a de 1970, o equilíbrio nuclear estratégico era atingido, pois a URSS também passou a produzir mísseis balísticos intercontinentais (ICBM) capazes de atingir o território norte-americano a partir de bases de lançamento em solo soviético ou de submarinos nucleares. As forças convencionais militares não foram negligenciadas neste processo, pois a modernização do Exército soviético e do Pacto de Varsóvia fora acelerada. Além disso, a Marinha ganhou particular atenção, e, em 1970, o exercício global *Okean* ocorreu. Nas décadas de 1960 e 1970, o almirante Gorshkov (que não era membro do Partido Comunista) fora encarregado de construir uma esquadra militar soviética para o Oceano Mundial. Só então a URSS tornou-se, realmente, uma superpotência global.

Os sucessores de Kruschhev aprenderam a lição, a partir da Crise dos Mísseis de Cuba e da Crise de Berlim, que para enfrentar os Estados Unidos em uma posição de igualdade, a paridade militar deveria ser alcançada. Ainda, a emergência do Terceiro Mundo como força política no cenário mundial consolidava-se, expressando-se por meio do influente Movimento dos Países Não Alinhados e da ONU, que abandonava paulatinamente o papel de suporte da política dos EUA. A presença dos Estados mais jovens transformava a correlação de forças dentro da organização, ao mesmo tempo que incrementava a atuação de seus organismos especializados na área socioeconômica, cultural e sanitária, de vital importância para o Terceiro Mundo. A ONU adquiria uma dimensão realmente planetária.

O grande *boom* econômico da Comunidade Econômica Europeia (CEE) – cuja força motriz era a RFA – e do Japão fazia emergir novos polos capitalistas cuja ascensão fora facilitada por seus limitados gastos militares. Os aliados dos EUA não tardariam a mover-lhe uma bem-sucedida concorrência comercial, financeira e tecnológica. Também no plano político, o "bloco" americano começaria a apresentar fissuras. A distensão internacional não tardaria a estimular o nacionalismo francês, que se opunha às pressões americanas na CEE e às relações privilegiadas de Washington com a Alemanha Ocidental e a Grã-Bretanha. Assim, em 1966, De Gaulle retirou a França da OTAN, em um gesto sem precedentes, e visitou Moscou para estreitar relações.

Mas a situação não era melhor no "bloco" soviético. Em 1961, a URSS efetivou a ruptura com a Albânia e, em 1963, com a China. A aproximação albanesa com a China deixou a União Soviética sem acesso ao mar Mediterrâneo, modificando os objetivos do Pacto de Varsóvia fixados por Krushchev. O pacto passou a ser uma ferramenta para evitar a deserção dos membros do bloco, e o novo comandante, Andrei Grechko (desde 1960), tentou desnacionalizar as Forças Armadas dos países aliados. O resultado foi o semiafastamento militar da Romênia em relação ao Pacto de Varsóvia.

A China, poucos dias após a destituição de Krushchev, detonou sua primeira Bomba A, aumentando suas pretensões políticas. A política externa chinesa privilegiara até então a segurança do país, sendo indispensável a aliança com a URSS, mas, a partir deste momento, deu mais importância à independência e à autonomia. Os problemas econômicos e as lutas pelo poder dentro do Partido Comunista chinês levaram o país a exacerbar o nacionalismo e a opor-se com mais intensidade à URSS, com fins de legitimação interna. O desdobramento dessa política levou a China ao caos da Revolução Cultural e ao isolamento diplomático do país, bem como à perda de influência no movimento comunista. Em 1965, um golpe direitista liderado pelo general Suharto, na Indonésia, esmagou o influente PC local (um milhão de militantes comunistas foram mortos, a maioria de etnia chinesa), eliminando o último grande aliado de Pequim.

A Romênia, por seu turno, recusara os planos do COMECON para o estabelecimento de uma divisão internacional da produção entre países socialistas. A ideia, proposta por Krushchev para contrabalançar as tendências centrífugas do Campo Socialista, condenaria a Romênia a um modesto nível de industrialização. As questões econômicas serviram para aglutinar a rebeldia dos comunistas romenos, que adotaram uma diplomacia autônoma quanto a Moscou, estabelecendo relações com Alemanha Federal, Israel e China, além de cooperação econômica com o Ocidente. Mas, para manter sua independência, o regime de Ceaucescu endureceu mais ainda. A recuperação parcial das posições soviéticas em seu campo, por Brejnev, baseava-se mais em compromissos do que em uma liderança inconteste, como na época de Stálin.

Em 1967-1968, o Partido Comunista tchecoslovaco iniciou o processo de liberalização política e descentralização econômica conhecido como *Primavera de Praga*. Embora não se tratasse de um movimento explicitamente antissocialista, como o da Hungria em 1956, envolvia consideráveis riscos para a URSS e a Alemanha Oriental, pois a Tchecoslováquia fazia parte do "triângulo de ferro" do Pacto de Varsóvia (com RDA e Polônia). Além disso, a URSS se encontrava envolvida em conflitos fronteiriços com a China e enfrentava a rebeldia romena. Os EUA haviam anunciado a política de tratamento diferenciado para países socialistas mais autônomos – como forma de desgastar a unidade do Leste Europeu –, que poderia ter início com a anexação da RDA pela RFA, em troca do reconhecimento das fronteiras pós-guerra. Finalmente, havia o firme apoio da

RFA e do Ocidente à liberalização tcheca – por tais razões, a RDA pressionou a URSS a intervir. Assim, as tropas do Pacto de Varsóvia entraram no país em agosto de 1968, sem encontrar resistência armada. Para justificar a intervenção, Brejnev formulou a Doutrina da Soberania Limitada dos Países Socialistas, que não poderiam adotar medidas externas ou internas que ameaçassem os demais.

O fim da Primavera de Praga, todavia, conduziu à normalização diplomática da Europa Central e ao aprofundamento da *détente*. Em 1969, os social-democratas chegavam ao poder na RFA, e Willy Brandt lançava sua *Östpolitik*, estimulando a cooperação da CEE com o Leste Europeu. Sem esperanças de derrubar os regimes da Europa Oriental, o Ocidente negociou a normalização política. Entre 1970 e 1972, foram assinados diversos tratados envolvendo o reconhecimento diplomático e de fronteiras entre RFA, RDA, URSS, Polônia e Tchecoslováquia. Em 1973, as duas Alemanhas ingressavam na ONU. Na esteira destes acontecimentos, a diminuição considerável da tensão entre os dois blocos refletia a conjuntura internacional: a igualdade militar era atingida; crescia a consciência sobre as armas de destruição em massa, além da vontade norte-americana de desacelerar o conflito do Vietnã.

CONQUISTAS E PROBLEMAS DEIXADOS POR BREJNEV

No plano interno, a URSS tinha uma economia cujo crescimento desacelerava desde 1975, ficando atrás da Europa Ocidental. Em 1974 fora iniciada a construção da ferrovia Baikal-Amur, uma obra gigantesca ao norte e paralela à Transiberiana. Já no início da década de 1980, os equipamentos e máquinas estavam desatualizados especialmente nas indústrias pesadas. Apesar dessas dificuldades, os padrões de vida continuaram a melhorar durante a era Brejnev, ainda que de forma menos acelerada, influenciando o consumo das famílias. Em 1980, cerca de 86% das famílias possuíam refrigeradores e 85% tinham televisores. Os soviéticos desconheciam o desemprego, e a criminalidade era incipiente, ao contrário dos países capitalistas. Para eles, o estilo de vida soviético, apesar de mais modesto, era moral e culturalmente superior ao ocidental.

A sociedade deixada por Brejnev seguia as tendências do legado de Krushchev. A urbanização cresceu para 64%, em 1982, e a educação era superior à de muitas potências capitalistas. Enquanto, em 1959, o percentual de trabalhadores com ensino médio era de 15,8%, em 1984, subiu para 58,5%. Nesse contexto, Brejnev não soube criar novos mecanismos para lidar com os povos não russos, que se modernizavam e tinham de participar mais da gestão federal. As funções relevantes ainda eram ocupadas primordialmente por russos. Essas minorias, que viviam um crescimento mais rápido da população, agora eram mais bem-educadas e urbanizadas, e não estavam dispostas a acatar um papel coadjuvante. Depois do rápido crescimento econômico e da melhor qualidade de vida no pós-guerra, elas desejavam novas conquistas.

Nos anos 1980, a URSS era responsável por 20% da produção industrial do mundo (contra 4% em 1917) e a primeira na produção de petróleo, gás, metais ferrosos, tratores, concreto armado, lanifícios, calçados e produtos como beterraba açucareira e outros. Sua produção química, de eletricidade, maquinário, cimento e algodão só perdia para a dos EUA, e a produtividade industrial aumentou de 4,7% em 1960-1965 para 5,8% em 1965-1970 e depois para 6% em 1970-1975. Todavia, o padrão de crescimento baseado nos investimentos em recursos naturais e na indústria pesada, inaugurada por Stálin, havia atingido o limite.

Havia problemas objetivos, tais como:

a) a redução de recursos naturais facilmente exploráveis;

b) o impacto demográfico das perdas na Segunda Guerra Mundial, que reduziram o acesso à mão de obra abundante;

c) o desafio de adotar a tecnologia computadorizada (o fornecimento ocidental de *chips* era seletivo e, muitas vezes, defeituoso ou defasado).

Também ocorreram problemas subjetivos, como:

a) o desvio de investimentos de bens de capital para os de consumo (reduzindo o crescimento);

b) o nivelamento de salários; e

c) a precária atenção à planificação e aos incentivos nos anos finais de Brejnev.

Com a dificuldade em atender a crescente demanda por bens de consumo e o aumento da corrupção, crescia o mercado negro e a economia paralela.

Além disso, ele

> Queria, acima de tudo, "paz e tranquilidade, serenidade e ausência de conflito". Substituindo a política de rotação de quadros por uma de "estabilidade de quadros", Brejnev resistiu mesmo a mudanças de pessoal. Muitos dos que integravam a direção tinham idade avançada. O próprio Brejnev ficou debilitado por problemas de saúde. Em 1976, sofreu uma trombose e, [até] sua morte em 1982, teve vários ataques cardíacos e tromboses. Nos últimos cinco anos de sua vida, estava tão doente e debilitado que não desempenhou qualquer papel ativo na vida do Estado ou do Partido. Nos últimos anos [ele] não conseguia falar sem um texto escrito e sem enrolar as palavras (Keeran & Kenny, 2008, p. 48).

Regimes Socialistas (1983)

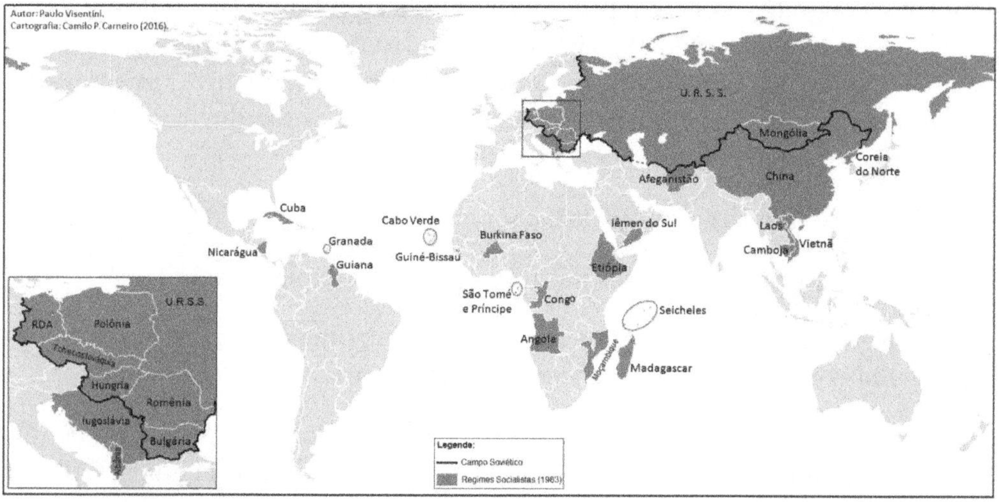

Por que essa situação perdurou? "Não se envolvam em política que garantirei o bem-estar sem trabalho adicional" parece ter sido a máxima do conservadorismo brejneviano. Mais ainda, a falta de rotatividade gerou uma camada nepotista que se cristalizou e que se esforçava por manter a situação inalterada. Por trás da inatividade do líder, havia um "sistema Brejnev" que se corrompia e aprofundava, gerando privilégios que incomodavam a população e provocavam um clima de paralisia. Em meados da década de 1970 a estabilidade deu lugar à estagnação, com a elite burocrática securitizada e isolada se tornando envelhecida, incapaz e corrupta (a "Máfia de Dniepropetrovsk", a região de Brejnev na Ucrânia). Segundo os mesmos autores,

> A Segunda Guerra Mundial privara o Partido de milhões de militantes

> de base dedicados que morreram na frente [de combate], defendendo o socialismo e a pátria. Krushchev enfraqueceu mais o Partido ao franquear a porta a milhões de não operários e ao afrouxar os critérios [de ingresso]. A Doutrina Brejnev da "estabilidade dos quadros" transformou os quadros partidários em sinecuras, manteve dirigentes do Partido muito além do seu tempo, privou-o de sangue novo e de novas ideias. Além disso, à medida que a segunda economia crescia, ela envolvia e corrompia elementos do Partido a um ritmo crescente. (Keeran & Kenny, 2008 , p. 98).

A decisão de intervir no Afeganistão em dezembro de 1979 para salvar o regime comunista ali implantado em abril de 1978 e conter os impactos da Revolução Iraniana de fevereiro de 1979, teve um preço elevado. Em janeiro de 1980 o Ocidente reagiu estabelecendo um embargo econômico à URSS e boicotou os Jogos Olímpicos de Moscou em julho do mesmo ano (lembrado pelo simpático e famoso ursinho Misha). No mês seguinte surgiu o Sindicato Solidariedade na Polônia em crise, levando à proclamação da Lei Marcial em janeiro de 1981 (suspensa em dezembro), que baniu o Solidariedade. E, desde 1978, o Vaticano estava sob o comando do papa João Paulo II, um polonês ferrenhamente anticomunista. Para completar, no início de 1981 Reagan autorizou o projeto da construção da bomba de nêutrons.

3.6 DE ANDROPOV A GORBACHEV: A RENOVAÇÃO FRUSTRADA

O INTERREGNO ANDROPOV (1982-1984) E CHERNENKO (1984-1985)

Brejnev, ainda que colocando a URSS numa posição mundial concreta de superpotência, propiciou o aumento da economia paralela e da corrupção que a acompanhava. Ele prometera a melhoria do padrão de consumo em troca da acomodação política, que amorteceu o dinamismo do partido. Neste contexto, a morte de Brejnev, em dezembro de 1982, fez com que Andropov assumisse a liderança da URSS. O novo líder nascera na Rússia em 1914 e em 1956 já era embaixador na Hungria. Foi um dos articuladores da intervenção soviética e da "normalização" do país. Dirigia a KGB desde 1967, conhecendo bem os problemas da URSS. Era reformista e tinha visões diferentes daquelas de Brejnev e do posterior Gorbachev, inspirando confiança nos comunistas mais comprometidos, que desejavam uma renovação do sistema socialista. Dentre as várias reformas propostas por Andropov, a principal era a moralização da vida política e a melhoria da eficiência econômica. De acordo com o líder, a planificação deficiente e antiquada, o atraso tecnológico e científico, a dependência aos métodos de produção extensivos em vez de intensivos e a falta de disciplina laboral eram as causas do declínio econômico.

Andropov era um homem tranquilo, calmo, eloquente, controlado, sincero, cosmopolita (lia inglês e outros idiomas e conhecia bem os países socialistas). Levava uma vida modesta, tinha compulsão pelo trabalho, e seus hábitos e comportamento inspiravam confiança na população, mas sua saúde era precária, com problemas renais. Diferentemente de Gorbachev, detestava a improvisação e achava que o socialismo necessitava de reformas profundas e urgentes. Reconhecia as deficiências dos serviços e de oferta de bens, e defendia uma ética do trabalho para superar a situação. Sobre isso, Andropov

> sublinhou que os padrões de vida não se reduziam à simples competição com o Ocidente por maiores salários e objetos materiais. Ao invés, os padrões de vida socialistas significavam muito mais: "o crescimento do nível de consciência e cultura, consumo razoável, uma dieta racional", serviços públicos de qualidade e "um uso moral e esteticamente adequado do tempo livre". (Keeran & Kenny, 2008, p. 57).

A posição de líder da KGB dava a Andropov um conhecimento das causas profundas dos problemas do país, que a sociedade apenas sentia. Em 1982, o serviço secreto iniciou uma luta intensa contra a corrupção, atingindo figuras em posição cada vez mais elevada, especialmente os familiares e amigos de Brejnev. Esta ação foi abandonada por Gorbachev em 1987, quando acusou membros da própria cúpula do partido e do Estado[23]. O historiador Eric Hobsbawm citou um ex-diretor da CIA que disse "acreditar que se [o líder soviético Iuri] Andropov fosse quinze anos mais jovem quando tomou o poder, em 1982, existiria ainda a União Soviética". A esse respeito, Hobsbawm comentou: "Não me agrada concordar com chefias da CIA, mas isto me parece inteiramente plausível."[24]

---

23 DUHAMEL, Luc. The KGB campaign against corruption in Moscow, 1982-1987. Pittsburg: University of Pittsburg Press, 2010.

24 HOBSBAWM, Eric. On history. New York: The New Press, 1997, p. 243.

Andropov defendeu a aceleração do progresso técnico-científico e a adoção de melhores métodos de gestão e disciplina do trabalho, ligada a incentivos. Ele sabia, pela experiência de Kádár e Krushchev, que a descentralização geralmente conduzia ao localismo, ao privilégio e à desigualdade. Com a "Operação Arrastão", desencadeada em 1983, ele conseguiu bons resultados e prestígio popular, combatendo o absenteísmo, o alcoolismo, o trabalho paralelo e a ineficiência, em visitas de surpresa aos locais de trabalho e incursões da polícia a lojas, bares e saunas na hora do expediente. O clima de desalento deu lugar a um movimento político por reformas e a um novo ânimo, e o desempenho econômico melhorou imediatamente. Mas os problemas mundiais se agravavam e uma ofensiva econômica contra a União Soviética estava em marcha.

No plano internacional, apesar de apoiar a Coexistência Pacífica, Andropov se opunha às concessões unilaterais e fazia valer a disputa sistêmica internacional (dias depois de se tornar secretário-geral, declarou apoio ao Afeganistão). Apesar de tentar melhorar os vínculos com os Estados Unidos, a Nova Guerra Fria deteriorou de vez a relação entre os dois países, especialmente com Reagan e seu conceito de "império do mal". Andropov conseguiu discutir com os Estados Unidos e defender a URSS em um nível que não se via havia anos, e manteve-se aberto a um diálogo com Washington. Contudo, em setembro de 1983, um avião soviético abateu um avião de passageiros sul-coreano que penetrou numa zona de alta segurança, e Reagan respondeu com uma escalada retórica, encerrando possíveis diálogos.

Em 1983, a Organização dos Países Exportadores de Petróleo (OPEP), sob pressão americana, obteve a redução do preço do petróleo de 34 dólares para 12 dólares o barril - bastou a Arábia Saudita quintuplicar sua produção). Em cinco meses apenas, 10 bilhões de dólares em divisas anuais desapareciam para a URSS, um total de 50% dos rendimentos externos nacionais. Em 1982, Reagan assinara a diretiva de segurança nacional NSDD-66, que representava uma declaração de guerra econômica à URSS, acompanhada pelo embargo de equipamentos para a exploração de petróleo e gás, bem como pressão sobre os europeus para que também adotassem o embargo. A situação diplomática e militar, por sua vez, se radicalizava na Polônia, no Afeganistão, no Camboja, na Nicarágua e na África Austral e Oriental.

Em fevereiro de 1984, depois de 15 meses de governo, Andropov morreu por problemas de saúde, dando espaço para que a velha guarda do partido elegesse Konstantin Chernenko, já idoso (nascera em 1911) e sem capacidade de ação. Chernenko reabilitou Molotov, de 94 anos, que foi readmitido no Partido Comunista. Tratava-se de um mandato tampão para respeitar a ritualística do partido e preparar um novo líder, mas, apesar da postura pró-socialista de Chernenko, a maioria das iniciativas do ex-líder seguiu por inércia, e o idoso dirigente morreu em abril de 1985, sendo sucedido por um elemento do grupo de Andropov, o jovem Mikhail Gorbachev.

PERESTROIKA: A NOVA *DÉTENTE* E A CRISE DO SOCIALISMO

Durante a era Brejnev, a crescente presença internacional da URSS e a melhoria do nível de vida da população exigiram um esforço adicional da economia soviética. Na segunda metade da década de 1970, o "crescimento extensivo" alcançava seu limite, quando também tinha início a Nova Guerra Fria e aprofundava-se a reestruturação das economias capitalistas avançadas, com as quais a União Soviética estabelecera vínculos importantes. A corrida armamentista e os embargos comerciais e tecnológicos atingiram duramente a URSS, pois a envelhecida liderança do grupo de Brejnev carecia do necessário dinamismo para responder aos novos desafios externos e à estagnação interna. A crise polonesa somou-se ao peso dos conflitos regionais, como os do Afeganistão, Camboja, América Central, África Austral e Chifre da África. As amplas reformas de Iuri Andropov, em 1983, que iam da relação com os Estados Unidos até o interior do partido, não tiveram tempo de frutificar, e o imobilismo do interregno Chernenko apenas contribuiu para abortá-las.

Em 1985, Mikhail Gorbachev, jovem aliado de Andropov, assume o poder no Kremlin, lançando as políticas reformistas da *Glasnost* (transparência) e da *Perestroika* (reestruturação). Gorbachev era russo e nasceu em 1931 perto de Stavropol, cidade natal de Andropov, no norte do Cáucaso. Chegou ao poder com 54 anos, o que contrastava com as transições anteriores, de lideranças envelhecidas. Era basicamente um quadro regional até participar do poder em Moscou em fins da década de 1970. Sob a liderança de Andropov foi o encarregado da economia e sob o comando de Chernenko aumentou seu poder. Ele e sua elegante e inteligente esposa Raisa ganharam a simpatia e as esperanças da população, que supunha que ele daria continuidade às políticas iniciadas por Andropov.

As iniciativas do novo líder baseavam-se nas políticas de Andropov, de grande ressonância popular. Havia um desejo genuíno de renovação do socialismo. No plano interno, mobilização para a democratização política e eficiência econômica, alguma descentralização, criação de um setor mercantil e associação ao capital estrangeiro em algumas áreas da produção. Mas quem era, realmente, Gorbachev? Era um quadro com algumas deficiências pouco perceptíveis à primeira vista, dado que parecia um jovem inovador e elemento de continuidade às reformas de Andropov. Era um líder provincial de Stavropol, no norte do Cáucaso, uma região basicamente rural, com uma forte economia paralela. Apesar de formado em Direito, seu conhecimento prático se limitava à agricultura, pouco sabendo sobre os povos alógenos e outros países socialistas (visitou mais a Europa Ocidental e o Canadá), questões militares, diplomáticas, industriais, ciência e tecnologia ou sindicatos. Era mais um provinciano instruído, que sabia agradar e fazer padrinhos nas estações balneárias da região, onde grandes quadros de Moscou passavam as férias, sendo arrogante com os inferiores (humilhou Yeltsin várias vezes).

Na URSS e no movimento comunista, as reformas da *Perestroika* eram vistas com uma tendência necessária e positiva para melhorar o socialismo, que dispunha de importantes instrumentos para avançar. Nos primeiros anos, o crescimento econômico passou de 1% para 2% ao ano e a produtividade do trabalho de 2% para 4,5%. O consumo aumentou em 10% até 1986. Além disso, Gorbachev endossava a importância da ideologia e a crítica de Andropov ao conceito brejneviano de que a URSS já ingressara no "socialismo desenvolvido" e rumava rápido para o comunismo. Havia muito que fazer e fortes obstáculos a vencer, tanto no plano político quanto econômico.

Havia várias correntes no PCUS sobre a *Perestroika*. Aliev, Givin Kunáev, Tcherbinski e Tikonov defendiam o modelo bem-sucedido da Alemanha Oriental, enquanto o primeiro-ministro Rijkov, bem como Zaikov, enfatizava a introdução da Revolução Científico-Tecnológica. Já Ligachov, o número dois do partido, defendia o aumento da disciplina. Havia experimentos localizados em certas indústrias, com uma prudência que lembrava o modelo chinês. Quanto à *Glasnost*, o pluralismo se dava mais no plano político-ideológico, sobretudo na mídia. Gorbachev eliminara as barreiras eletrônicas às emissões da Rádio Europa Livre, da CIA, que atingia então 22 milhões de ouvintes na URSS, como forma de "fomentar o debate".

Aqui há um ponto importante: Gorbachev era amigo e aliado de Yakovlev, de tendência social-democrata e, mesmo, liberal, que fora embaixador no Canadá por longo tempo e lá foi visitado pelo líder. Yakovlev foi nomeado à direção do Instituto de Economia e Relações Internacionais em 1983 e, dali, pôde organizar uma base de poder. Ao seu grupo, Gorbachev entregou o controle da mídia e dos arquivos estatais, para que o partido pudesse ser criticado "desde fora". No XXVII Congresso do PCUS, em 1986, houve uma inflexão na crítica ao passado e o reinício de uma campanha "antistalinista". A virada ocorreria no ano de 1987.

Em abril de 1986, ocorreu um incêndio num dos reatores da usina nuclear de Chernobyl, 100 km ao norte de Kiev, a capital ucraniana. Oscilando entre o velho hábito do silêncio político e o (seu) novo costume da vacilação e da paralisia, por dias nada foi notificado, enquanto eram tomadas medidas para conter o vazamento radioativo. Mas quando Gorbachev foi à televisão, revelou o ocorrido e pediu a ajuda da sociedade soviética e dos outros países, a resposta foi imediata. Talvez tenha sido uma das últimas manifestações de solidariedade. Milhares de voluntários chegaram de todas as partes do país para ajudar, arriscando suas vidas, embora os ideólogos da *Glasnost* tenham aproveitado a ocasião para responsabilizar "o sistema".

4

O COLAPSO

Reformas, crise e desintegração da URSS (1987-1991)

A partir de 1987, ano em que se encerrou a Guerra Fria, as reformas de Gorbachev tomaram um rumo diferente, que conduziram ao abandono dos aliados soviéticos e ao colapso dos Estados socialistas da Europa e do Terceiro Mundo a ela ligados, com exceção de Cuba e Vietnã. Dentro da URSS a luta tornou-se mais aguda e confusa, com a emergência da liderança rival de Boris Yeltsin, que controlava a República Russa e contribuiu decisivamente para a surpreendente desintegração do país e do seu sistema socialista. Tal acontecimento teve impacto mundial e alterou as relações internacionais e o padrão societário construído ao longo do século XX em todo o planeta.

4.1. GLASNOST: A INVERSÃO DAS REFORMAS E SUA CRISE

Apesar de a política de reformas de Andropov buscar renovar e reforçar o socialismo, a versão aplicada por Gorbachev se diferenciava dela gradualmente, com a introdução de ideias, inspiradas, em certa medida, nas políticas de Nikolai Bukharin e Nikita Kruschev. Essas políticas refletiam o interesse de empresários ("cooperativados" ou ilegais) e funcionários corruptos do partido, cujo número aumentara nos últimos trinta anos. O *Novo Pensamento* de Gorbachev, influenciado por estes intelectuais, substituía a ideia de luta de classes pelos autodenominados Valores Universais Ocidentais: democracia liberal, economia de mercado, direitos humanos, ambientalismo e defesa das minorias sociais e nacionais. Ao mesmo tempo, ele tinha a tendência de "fugir em frente", de forma improvisada, sempre que surgiam problemas e os planos falhavam. "Gorbi" cada vez mais se apoiava em intelectuais, empresários e burocratas ligados à segunda economia.

Num sistema em industrialização em que todos eram integrados, o qual privilegiava inicialmente os bens de capital, sempre houve alguma escassez e mercado negro. Na década de 1950 as coisas mudaram, pois a estrutura da economia foi alterada e a expectativa de consumo foi ampliada pelo próprio regime. Mas ele não conseguiu prover tudo que prometeu e teve sua legitimidade arranhada, já que Stálin oferecia apenas o acesso universal aos serviços sociais e cumpriu. Com Gorbachev, não apenas as promessas de consumo foram reafirmadas e ampliadas, mas, fato inédito, a culpa pela incapacidade de atender foi imputada por ele ao próprio sistema. E isso numa época em que, diferentemente do passado, a população recebia bastante informação sobre a qualidade de vida no capitalismo avançado. As reformas prometiam mais, como no capitalismo, mas afundavam e propiciavam cada vez menos. Por fim, instalou-se um clima confuso, em que o insucesso das reformas fomentava o avanço de uma economia paralela, que vinha crescendo desde a estagnação da década de 1970. A solução parecia estar fora do sistema.

Paralelamente ao lançamento das reformas internas, Gorbachev desencadeou uma ofensiva diplomática em prol da paz e do desarmamento, oferecendo propostas concretas e desencadeando intensa campanha de propaganda, quando Reagan iniciava seu segundo mandato. A diplomacia da *Perestroika* era uma resposta à ofensiva belicista americana e só pode ser compreendida à luz da guinada conservadora ocidental iniciada em fins da década de 1970, a qual buscou alterar o equilíbrio mundial.

Acuada nos planos econômico, diplomático, militar e ideológico, a União Soviética buscava evitar o desencadeamento de uma guerra, cujos contornos pareciam se esboçar nas crescentes provocações americanas (episódio do Boeing sul-coreano e ataques contra os aliados soviéticos no Terceiro Mundo). Também visava sustar uma corrida armamentista cujo ritmo e intensidade não mais podiam ser acompanhados por sua economia, cujo PIB era a metade do norte-americano. As reformas e a diplomacia da *Perestroika* deveriam também tornar o país mais simpático aos olhos da comunidade internacional, esvaziando estereótipos como "império do mal" – que serviam para instrumentalizar a opinião pública, bem como para fomentar uma mobilização interna capaz de reverter o quadro de estagnação e descontentamento latente.

A gradual abertura econômica ao mercado capitalista mundial visava obter técnicas e recursos para a modernização de determinados setores deficitários, mas continha também componentes políticos. Em uma época de crescente concorrência intercapitalista, em um mercado sem uma elasticidade compatível com o dinamismo da RCT[25](Revolução Científica e Tecnológica), a abertura do espaço equivalente a um continente, rico em recursos e com numerosa população apta para o consumo, permitiria aliviar a perigosa tensão inerente a tal competição. Dessa forma, a URSS poderia obter certa posição de barganha, a fim de manipular e tirar proveito político e econômico da rivalidade entre os diversos polos capitalistas. Mas parece que Gorbachev não tinha uma estratégia bem definida para barganhar e costumava ceder antecipadamente.

A *Perestroika* teve, entretanto, a lógica de sua eficácia matizada por sérios problemas. Em primeiro lugar, sua falta de definição continha um grave risco de desestabilização interna para a URSS e para seus aliados do Campo Socialista e do Terceiro Mundo. Em segundo lugar, os limites das reformas dependeriam da luta política imprevisível dentro do país e da evolução mundial. Como as reformas econômicas mobilizaram forças contraditórias que a barravam, Gorbachev passou a priorizar a *Glasnost* como forma de desbloquear o processo por meio da mobilização política. A partir de então, sem um projeto estratégico suficientemente definido, irá perder o controle da situação, apoiando-se nos que defendiam primeiro a social-democracia, depois as reformas liberais de mercado e, finalmente, a terapia de choque capitalista neoliberal, adotando uma postura meramente reativa e cada vez mais casuísta. O que as tendências posteriores evidenciaram foi a concretização das tendências desagregadoras e a evolução das reformas numa direção muito distinta dos marcos inicialmente pensados.

Em 1987-1988, Gorbachev passou a enfrentar uma oposição crescente e a ver o partido (que ele mesmo comandava) como um obstáculo às suas reformas cada vez mais confusas. Então teve início o processo decisivo de *transferir a base de poder do partido para o Estado.* Enquanto isso, a população, ansiosa

[25] A Revolução Científico-Tecnológica, ou III Revolução Industrial, constitui um conjunto de inovações aplicadas à produção, tais como informática, robótica, telecomunicações, biotecnologia, supercondutores, etc. Com a globalização, ela acelerou o ritmo de produção.

por mudanças e melhorias, recorria ao "seu partido", que era enfraquecido e criticado pelo próprio chefe, causando um processo de anomia, enquanto a sociedade cada vez mais mergulhava no "tudo é permitido", inclusive a atividade privada. A nova Lei da Empresa Estatal instituía que o governo não mais compraria toda a produção, que deveria buscar mercados externos ou circuitos paralelos internos, o que representava um verdadeiro terremoto.

4.2. A CAPITULAÇÃO INTERNACIONAL E O FIM DO "BLOCO" SOVIÉTICO

Se no plano doméstico a eficácia da *Perestroika* em atingir os objetivos propostos produzia efeitos cada vez mais questionáveis, no âmbito internacional seus resultados foram impactantes após um ano de governo Gorbachev. As diversas negociações diplomáticas sobre o desarmamento, iniciadas em 1986 por proposição do Kremlin, conduziram paulatinamente à instauração de uma nova *détente* entre as duas superpotências. As negociações incluíam tanto a redução de armamentos propriamente dita quanto a cooperação comercial e financeira. No entanto, no Terceiro Mundo, a situação se agravou. A transição social dos regimes revolucionários dos países periféricos fora bloqueada pela Nova Guerra Fria e seus Conflitos de Baixa Intensidade. Esses regimes tornaram-se as grandes vítimas da ofensiva ocidental e das concepções implícitas no Novo Pensamento Diplomático de Gorbachev, e na nova *détente* soviético-americana.

A resolução política dos conflitos regionais, do Camboja à Nicarágua, implicava um recuo da URSS e de seus aliados. Os soviéticos retiraram-se do Afeganistão (quando a situação militar era estável), os cubanos começaram a recuar em Angola (depois de infligir uma esmagadora derrota aos sul-africanos na batalha de Cuito Cuanavale) e os vietnamitas saíram do Camboja (quando a guerrilha estava estagnada). Os Estados Unidos e seus aliados, porém, intensificaram o apoio às facções anticomunistas em luta para derrubar alguns desses regimes, após a redução do apoio soviético a eles. Além disso, Moscou reduziu a ajuda militar, diplomática e econômica a seus aliados surgidos na década de 1970. Na XIX Conferência do PCUS, a política externa perdeu seu matiz ideológico e de confrontação com o capitalismo. O veterano Andrei Gromiko, juntamente com Ligachov, foi afastado, enquanto Gorbachev anunciava que iria reduzir, unilateralmente, as tropas na Europa em meio milhão de soldados.

Costuma-se dizer que o Afeganistão foi o Vietnã da URSS, o que é parcialmente correto. O custo diplomático e militar foi elevado, mas o Exército soviético não foi derrotado militarmente - a decisão de se retirar foi política. Aliás, o regime socialista afegão sobreviveu além da URSS, caindo apenas em abril de 1992. Portanto, o dano foi mais político que militar, embora o Exército inicialmente tivesse se revelado incapaz, e então remodelado. Mas surgiram problemas como a impopularidade interna e o tráfico de drogas, que já existia através do Cáucaso desde o fim da década de 1970, junto com o contrabando. O fator islâmico desempenharia um papel importante nesse processo, criando problemas para as repúblicas da Ásia Central soviética.

Quais razões levaram o Ocidente, em particular os Estados Unidos, a substituir sua Nova Guerra Fria pela nova *détente* proposta pelos soviéticos? Em primeiro lugar, existia a consciência de que a URSS não oferecia mais perigo, o que era evidenciado pelo Novo Pensamento da equipe Gorbachev, que deveria ser apoiado externamente. Como resultado da estagnação interna do final da década de 1970, dos desastrosos efeitos econômicos da corrida armamentista e das pressões diplomáticas da década de 1980, Moscou ficou na defensiva. Em segundo lugar, os Estados Unidos também conheciam problemas como a concorrência japonesa, as tendências autonomistas europeias e seu atolamento nos conflitos do Terceiro Mundo, num momento em que sua própria economia se mostrava incapaz de suportar o esforço estratégico-militar requerido pela política da *nova direita* reaganiana.

No plano exterior, apesar do discurso duro, a administração Reagan encontrava inúmeras dificuldades, e os resultados obtidos ficaram bem aquém do esforço empregado. Aliás, muito dos sucessos de seu governo se deviam ao desenvolvimento de políticas lançadas por Carter, como a dos Direitos Humanos. Assim, era preciso aproveitar as vacilações soviéticas, acolhendo as iniciativas de Gorbachev, para ganhar politicamente o que não fora possível obter no terreno militar.

Mas foi o próprio Gorbachev que precipitou os acontecimentos internacionais, com a queda do Leste Europeu no segundo semestre de 1989. A Guerra Fria fora encerrada em 1987-1988 com os acordos de desarmamento, e o Kremlin e a Casa Branca agora cooperavam no Conselho de Segurança da ONU.

Na Polônia, a crise econômica se intensificava e o descontentamento popular se expressou no apoio ao heterogêneo Sindicato Solidariedade (que unia oposição de esquerda e de direita ao regime). O estado de sítio imposto pelo general Jaruzelski, em 1981, não conseguiu desarticular a organização chefiada por Lech Walesa. Em agosto de 1989, sem mais alternativas e com apoio soviético, o governo era entregue a um Solidariedade agora predominantemente antissocialista, cujo programa defendia a implantação de uma economia de mercado. Paralelamente, a Hungria seguia o mesmo caminho, com a formação de um governo de centro-direita que renunciava à via socialista. Ironicamente, a abertura política húngara ocorria quando seu "socialismo de mercado", implantado na década de 1960 (que inspirou a *Perestroika*), começava a naufragar, na esteira do endividamento externo e da inflação.

A pressão se voltou então contra os regimes socialistas com melhor desempenho econômico, a Alemanha Oriental e a Tchecoslováquia, chamados de "últimos bastiões do stalinismo". Através de uma ação montada pelo governo reformista húngaro (que recebeu investimentos de Bonn) e pelo próprio Estado alemão-ocidental, turistas alemães-orientais em férias na Hungria receberam estímulos para emigrar: 2% dos 800 mil turistas que lá estiveram no verão de 1989 não retornaram para casa. A comemoração do 40° aniversário da RDA, que contou com a presença de Gorbachev, foi marcada por protestos (apoiados pela Igreja Luterana) e pela crise. A situação insustentável levou o dirigente alemão-oriental Erich Honecker a renunciar e seus sucessores a derrubar o Muro de Berlim em novembro, para evitar um novo êxodo e dar credibilidade às incipientes reformas. A atuação política e econômica da RFA na RDA, então, passou a ser direta e, em outubro de 1990, ela foi incorporada à RFA.

No mesmo mês caía o governo tcheco, após uma série de protestos praticamente não reprimidos (a *Revolução de Veludo*). O teatrólogo dissidente Vaclav Havel formou um governo centrista. Na Bulgária, onde nem existia uma oposição organizada, a ala reformista do PC desfechou um golpe palaciano assim que surgiram os primeiros protestos, conservando o poder sob uma nova roupagem. Na acuada Romênia (antes cortejada pelo Ocidente), as expectativas criadas pela *Perestroika*, o descontentamento com o racionamento imposto para pagar a dívida externa (saldada em setembro) e o imobilismo do opressivo regime autocrático de Ceaucescu fizeram eclodir protestos populares, logo reprimidos. Seguiu-se uma miniguerra civil (visivelmente exagerada pela mídia), em que o povo e o Exército atacavam prédios defendidos por remanescentes da *Securitate,* a polícia política. Tal espetáculo visual destinava-se a impactar a opinião pública mundial, mostrando que, em meio às chamas, o comunismo desaparecia, juntamente com o "vampiro romeno", que foi fuzilado.

Assim, com o fim da Guerra Fria dois anos antes, no segundo semestre de 1989 os regimes socialistas pró-soviéticos da Europa Oriental foram varridos, praticamente sem resistência interna e externa. As razões para a URSS ter permitido e mesmo auxiliado esse processo se deveram à perda de importância estratégica de seu *glacis* defensivo na era dos mísseis intercontinentais e ao elevado custo político-econômico da manutenção da maioria desses regimes. Também visava a uma barganha com a Europa Ocidental: a retirada soviética em troca de investimentos. Eliminava-se, assim, um dos obstáculos à *détente* com o Ocidente, e em dezembro de 1989 Moscou assinava um Acordo de Cooperação com a Comunidade Europeia, no caminho da materialização do sonho gorbacheviano de uma *Casa Comum Europeia.* Mas a fragmentação do Leste Europeu teve efeitos desmoralizantes dentro da URSS, contribuindo para os movimentos separatistas, além de levar Gorbachev a definir o socialismo como sendo apenas uma rede de segurança social e de colaboração de classes, como era a social-democracia europeia.

4.3. A QUEDA: YELTSIN X GORBACHEV (PARTIDO, ESTADO E MERCADO)

O COLAPSO DO REGIME SOCIALISTA E DO ESTADO SOVIÉTICO

Na URSS, a luta pelo poder continuava, pois a *Perestroika* se transformara numa "catastroika". O *Komsomol,* a juventude comunista, se tornara uma escola de empreendedorismo, ou formação de empresários. Segundo Keeran e Kenny (2008, p. 177),

> as forças econômicas do lado sombrio da sociedade soviética exigiam legitimidade e poder. O mercado negro e a máfia russa se multiplicavam. A empresa privada e as "cooperativas" fictícias cresciam. Os ambiciosos e gananciosos apoiadores de Yeltsin faziam pressão no sentido de uma mudança drástica para a passagem radical à economia de mercado. Se [este] substituísse a planificação, os altos funcionários e diretores podiam aspirar a uma riqueza sem precedentes. Era evidente de que lado o vento soprava.

O passo seguinte foi a implementação de reformas políticas, tais como a apresentação de várias candidaturas a cada vaga legislativa, abrindo-se, em seguida, a possibilidade de inscrições de não comunistas. Mais importante, entretanto, foi a descentralização que acompanhou essas medidas. Gorbachev esperava, assim, criar um novo quadro político visando desbloquear as reformas econômicas. O resultado desse processo foi o crescimento vertiginoso e caótico da mobilização, em âmbito local, regional e republicano.

Diante da crescente desagregação dos marcos político-institucionais, do enfraquecimento do poder central e da decomposição dos referenciais ideológicos, os líderes locais, tanto os de oposição quanto os leais ao sistema, procuraram construir ou salvar suas bases de poder na esfera local. A *Perestroika* demonstrou ser capaz de desarticular o sistema anterior, mas não parecia contar com meios para construir nada de novo em seu lugar. O retraimento da ação estatal deixava um vazio que era preenchido não por participação democrática, mas pela criminalidade, pelo clima de desmoralização, de "salve-se quem puder", e pela apropriação de empresas públicas por setores da cúpula político-administrativa, por meio das privatizações.

Gorbi continuou seu processo de mudança política, separando cada vez mais o partido do Estado e tornando-se Presidente da URSS, novo cargo criado em março de 1990, eleito pelo soviete supremo (parlamento federal). Na mesma eleição, os "democratas" (anticomunistas pró-mercado) venceram em Moscou e Leningrado, encontrando em Yeltsin seu decidido líder e instalando um poder dual, que inexistia desde 1917.

Boris Yeltsin voltou à política, depois de perseguido por Gorbachev desde 1987, e foi eleito deputado por Sverdlovsk. Abandonou o PCUS e depois foi eleito presidente da Federação Russa, cargo criado em abril de 1991, em um acordo com Gorbachev, em troca do apoio ao Tratado da União, que este queria aprovar. Yeltsin tinha um mandato popular direto, de que Gorbachev carecia, e começou a luta decisiva: implantar a transição para o capitalismo, fase radical da *Perestroika*. Mas, para isso, ele teria de se livrar da União Soviética e agir apenas na Rússia, onde possuía poderes para tanto, pois no plano federal havia o PCUS, as Forças Armadas, a KGB e os sindicatos, que resistiam a essas mudanças.

Gorbachev recorreu ao Fundo Monetário Internacional (FMI), pois nada obtivera em troca da cessão do Leste Europeu, apenas conselhos de uma reforma de preços. Seus aliados ocidentais começavam a abandoná-lo e a pressão pela terapia de choque era cada vez maior. Mas grande parte de seu grupo de apoio achava tal estratégia uma loucura. Enquanto isso, Yeltsin nomeava elementos pró-mercado, que entendiam que o controle sobre a Rússia permitiria um rápido processo de privatizações, o que as repúblicas mais ricas já haviam percebido. A consequência foi a aglutinação da tensão latente em torno de bandeiras separatistas, nacionalistas e étnicas, conduzindo à agressão aos vizinhos, ao massacre covarde de minorias étnicas isoladas, como no Cáucaso e em algumas repúblicas soviéticas muçulmanas, ou simplesmente à revalorização de nacionalismos anacrônicos e reacionários, como no próprio Cáucaso e nos países bálticos.

Assim, a *Perestroika* de Gorbachev, depois de entregar ao Ocidente quase todo seu patrimônio diplomático e de abrir sua economia, ingressou em uma crise terminal, com a generalização do caos social e econômico e dos conflitos étnico-políticos. Em março de 1991, um plebiscito aprovou a manutenção de uma federação renovada por 76% dos votos (a União de Estados Soberanos), que concederia maior autonomia às repúblicas e repartiria o controle acionário do patrimônio econômico da União entre elas (proporcionalmente à população de cada uma), sem, entretanto, desmembrá-lo. Ora, tratava-se de um mecanismo que equilibraria as forças centrífugas, o que desagradou as repúblicas mais ricas, geralmente possuidoras de uma população menor. Mas o enfraquecimento do PCUS eliminou o único mecanismo que mantinha unida uma população heterogênea.

Isso potencializava ainda mais os conflitos étnico-regionais resultantes do processo de descentralização política. Com o enfraquecimento do poder central e a introdução da competição política, tanto as lideranças locais comunistas quanto a oposição passaram a organizar-se no plano regional, derivando cada vez mais para as plataformas nacionalistas e mobilizando as populações com essa bandeira. Enquanto em algumas regiões ocorriam crescentes e sangrentos enfrentamentos intercomunitários (como na Ásia Central e no Cáucaso), em outras as Frentes Populares nacionalistas tentavam obter a independência (repúblicas bálticas). Na Lituânia, tal política conduziu ao choque armado entre as forças federais e as regionais em 1991, provocando imediata pressão ocidental contra a "intromissão" de Moscou em seu próprio país.

Em meados de 1991, enquanto Gorbi ia à reunião do G-7 (o grupo dos sete maiores países capitalistas industriais) pedir ajuda e voltava de mãos vazias, o ex-comunista Boris Yeltsin interditava a atuação do Partido Comunista em todas as instituições públicas nacionais. Ele ainda tentava modificar o Tratado da União para poder controlar as receitas da Federação Russa, o que levaria, de fato, ao fim da União Soviética. Em 19 de agosto de 1991, um grupo de assessores de Gorbachev, diante do descalabro da situação, formou o Comitê Estatal para o Estado de Emergência (CEEE), furiosos com o que percebiam como a rendição de Gorbachev a Yeltsin. Na estância balneária onde se encontrava de férias, Gorbi foi informado das tratativas e aconselhado a passar temporariamente o poder ao vice-presidente, Guennadi Ianaev, que proclamaria a lei marcial, poria ordem em tudo e evitaria o colapso do Estado. "Nada lhe é exigido, faremos todo trabalho sujo por si", disse-lhe Blakanov, do Conselho de Defesa.

A reação de Gorbachev, alienado da realidade, foi hostil, mas a ideia não era a sua derrubada. Com pouca firmeza, os membros do CEEE fizeram uma Declaração ao Povo Soviético pela agência de notícias TASS, que dizia: "Surgiram forças extremistas que [fomentam] a liquidação da URSS, o colapso do Estado e a tomada do poder." A declaração denunciava as reformas econômicas de "aventureiros que [provocaram] queda acentuada nos padrões de vida da população e no florescimento da especulação e da economia-sombra", apelando pelo debate de um novo Tratado da União. Entretanto, os "democratas" falavam e agiam livremente, voltados para o Ocidente e para o público interno, entrincheirando-se no Parlamento, que não foi tomado pelo CEEE.

O estranho e mal-articulado "golpe de Estado" (inclusive com os soldados desarmados), desencadeado pelo segundo escalão do grupo de Gorbachev, procurou deter o processo de desagregação do país (sem abandonar as reformas). Na verdade, não se tratava de um *golpe*, porque era o uso de um dispositivo legal pelo próprio governo. Mas foi suplantado pelo golpe mais bem-articulado de Yeltsin, auxiliado por serviços de inteligência ocidentais, que haviam infiltrado as instituições soviéticas nos últimos anos. Ele assume o poder de fato e ignora o plebiscito que optou pela manutenção de uma federação renovada. Gorbachev retornou para assumir um poder puramente formal, embora houvesse um amplo apoio desorganizado contra Yeltsin. Ao contrário do que se pensa, foi a Rússia (comandada por Yeltsin) que provocou a dissolução da União Soviética, pois ela era rica e possuía os instrumentos necessários para aplicar a terapia de choque liberal.

Nesse contexto de impotência e crise do governo central, as repúblicas federadas proclamaram suas independências e apropriaram-se do patrimônio da União localizado em seu território. Algumas delas eram lideradas por nacionalistas separatistas liberal-conservadores, e outras, por comunistas que apenas agiam reativamente (não queriam a independência), desejosos de evitar a caça às bruxas desencadeada por Yeltsin. Do desmembramento da URSS surgiram 15 novos países: Rússia, Ucrânia, Bielorrússia, Moldova (eslavos); Estônia, Letônia, Lituânia (no Báltico); Armênia, Geórgia, Azerbaijão (no Cáucaso); Cazaquistão, Uzbequistão, Turcomenistão, Quirguistão e Tajiquistão (na Ásia Central muçulmana).

Gorbachev revelou-se, então, uma figura patética, assistindo impotente à dissolução oficial da URSS em 25 de dezembro de 1991. Yeltsin articulou com as novas repúblicas (exceto as bálticas) a Comunidade de Estados Independentes (CEI), um organismo com pouca consistência material e institucional. É importante lembrar que as cinco repúblicas da Ásia Central, a Armênia e a Bielorrússia foram, até o fim, contrárias ao desmantelamento da União Soviética, e se tornaram "independentes" contra a vontade de seus povos e dirigentes, pois dependiam financeiramente do governo central e não desejavam reformas. A Ucrânia, que desejava um *status* equivalente ao da Rússia na URSS, e havia jogado com o nacionalismo, foi ultrapassada pelos acontecimentos e não avançou muito nas reformas.

POR QUE OCORREU O COLAPSO DA URSS?

O sistema soviético, que parecia tão forte, mostrou-se muito frágil em sua queda. De acordo com Fidel Castro, "a existência da União Soviética era tão segura como o nascer do sol. Pois era um país tão sólido, poderoso e forte que sobrevivera a provações extremas". De fato, segundo Keeran & Kenny (2008, p. 12), a URSS

> Não só eliminou as classes exploradoras da velha ordem como também pôs fim à inflação, desemprego, discriminação racial e nacional, pobreza extrema, desigualdades flagrantes de riqueza, rendimento, educação e oportunidades. Em cinquenta anos o país passou de uma produção industrial que correspondia a apenas 12% da dos EUA para uma produção industrial de 80% e uma agrícola que equivalia a 85%

da dos EUA. Embora o consumo soviético *per capita* permanecesse mais baixo que nos EUA, nenhuma sociedade tinha até então elevado o nível de vida e o consumo para toda a população num período de tempo tão reduzido.

Se o capitalismo sobreviveu a Herbert Hoover, o presidente republicano que precipitou os Estados Unidos na Grande Depressão, por que a União Soviética não sobreviveu a Gorbachev? A resposta é que a dimensão subjetiva é muito mais importante para o socialismo do que para o capitalismo. Assim, uma diferença básica é que o capitalismo já existia havia um longo tempo e crescia, enquanto o socialismo ainda estava em construção. O primeiro apenas operava um sistema existente, consolidado e dominante, enquanto o segundo necessitava de um planejamento estratégico em que a ação e a criação humanas são decisivas. Não há um "mercado", com sua "mão invisível", que o conduza. No capitalismo a economia constitui a instância dominante, enquanto no socialismo a centralidade reside na política.

A derrubada do socialismo e a desintegração da URSS foi o resultado de algumas ações concretas, como a desarticulação do partido por suas lideranças, a entrega dos meios de comunicação a personalidades e grupos antissocialistas, a privatização e o abandono da propriedade pública e do planejamento, o separatismo e a subjugação às potências adversárias. De acordo com Keeran & Kenny (2008, p. 238), "não foram insuficiências amorfas e abstratas da democracia socialista que 'causaram' esta política. A direção de Gorbachev no PCUS iniciou tudo isso como opções políticas conscientes".

Dentre as explicações sobre o colapso, as mais comuns são as seguintes:

a) vícios do socialismo;

b) oposição popular;

c) fatores externos;

d) contrarrevolução burocrática;

e) falta de democracia e centralização excessiva; e

f) o fator Gorbachev.

Sobre o primeiro ponto, muitos argumentaram que esse regime político "contrariava a natureza humana e estava destinado ao fracasso". Embora possa haver críticas à manutenção de mecanismos coercitivos da época da tomada do poder e deformações decorrentes da tensão da Guerra Fria, nada disso produziu a crise ou o colapso do regime por mais de setenta anos. Pelo contrário, foi a mudança que causou a catástrofe, referida por Putin como "a maior tragédia da história russa". Quanto à existência de uma oposição popular, empiricamente se constata que o descontentamento surgiu no final, e não no início, da era Gorbachev. Portanto, foi mais efeito que causa.

A propósito dos fatores externos, ainda que tenham sido consideráveis, como foi visto, a URSS seguia forte como na época de cercos e sanções que, aliás, foram mais a regra do que a exceção durante sua existência. Com relação à chamada contrarrevolução burocrática, pode-se argumentar que o elemento detonador do colapso foi a luta entre as facções de Gorbachev e Yeltsin. A elite partido-Estado reagia aos acontecimentos e não os iniciava, porque as estruturas vigentes não permitiam isso. O problema maior foi a emergência da segunda economia, que ganhou parte da sociedade e do aparato, não o partido em si mesmo.

Interessante e recorrente é o argumento de que a falta de democracia e a excessiva centralização seriam o fator principal. Trata-se de uma tese idealista e a-histórica, porque explica a evolução histórica pela aproximação ou distanciamento de um ideal. Esses teóricos desconhecem a história da democracia liberal e do socialismo. O liberalismo afirmou a democracia como valor de forma gradativa (em geral quando desafiado socialmente), enquanto o socialismo sempre defendeu o poder das classes mais baixas. Mas, então, por que a população teria assistido passiva à destruição do seu "Estado dos trabalhadores"? Para Keeran & Kenny (2008, p. XX),

> ocorreu de fato a resistência da classe operária, mas por que foi insuficiente? [...] A maioria da população de uma sociedade industrial avançada submeteu-se passivamente, enquanto uma minoria transformou a riqueza comum em lucro privado, empobreceu o resto da população e pela primeira vez na história desmodernizou uma sociedade. A aquiescência de uma população a políticas que comprovadamente não servem a seus interesses constitui um fenômeno perturbante, bem conhecido nos países capitalistas, e é muito mais comum do que seria de supor. É uma acusação que se pode fazer tanto à democracia liberal como à socialista.

Seguindo a argumentação dos autores, especificamente no caso da União Soviética, percebe-se que

> muitas das formas políticas soviéticas tradicionais – os jornais, os sovietes e o próprio PC – foram subvertidos por Gorbachev depois de 1985. Assim, ao passo que a maioria da população soviética ainda se opunha à privatização da propriedade, à eliminação do controle de preços e à ruptura da URSS, os modos tradicionais de expressão das opiniões estavam a desaparecer. [Além disso], é provável que a passividade dos trabalhadores tenha em parte acontecido porque, ao mesmo tempo que ***Gorbachev*** e outros dirigentes comunistas provocaram a erosão do nível de vida da população, da segurança econômica e do próprio socialismo, prometiam aos trabalhadores um socialismo melhor [mas] os privavam das próprias instituições através das quais eles tinham antes expresso os seus pontos de vista" (2008, p. 272-273).

Finalmente, há os que veem em Gorbachev apenas um traidor ou um elemento sem ideologia, que apenas perseguia o poder. Mesmo tentadora, esta tese tem alguns problemas, pois o dirigente não agiu sozinho e havia um contexto e uma base de apoio. Ao se afastar das ideias de Andropov, ele se aproximou de outras antigas teses do partido, defendidas por Bukharin e Kruschev. E as ideias e ações ganharam expressão no contexto dos interesses do setor dinâmico (mesmo que parasitário) vinculado às atividades privadas ilegais. Na mesma linha, tentar identificar uma agenda prévia e ações premeditadas não condiz com a realidade. Os indícios mais relevantes

> parecem apontar para um líder superficial que agiu impetuosa, impulsiva e contraditoriamente. Embora as políticas de Gorbachev tenham em última análise formado um padrão de capitulação aos interesses internos, pequeno-burgueses, liberais e corruptos, e à pressão imperialista externa, isto no início não era evidente. O farol que orientou os seus passos foi o oportunismo, e não um plano ou um desígnio premeditados. Não foi a história da traição de um só homem, mas antes a história do triunfo de uma certa tendência no interior da própria revolução. (Keeran e Kenny, 2008, p. 274).

Em dezembro de 2016, aos 25 anos do desmembramento da URSS, Gorbachov declarou que havia condições para uma nova união voluntária das ex-repúblicas, embora não para o renascimento da União Soviética, surpreendendo o público.

4.4 OS IMPACTOS SOBRE AS ESQUERDAS, O CAPITALISMO E O SISTEMA MUNDIAL

O SOCIALISMO E AS ESQUERDAS DIANTE DA QUEDA DA URSS

Com o desaparecimento do campo soviético, restaram como países socialistas apenas Cuba, Coreia do Norte (ambos sob severa pressão norte-americana), Vietnã, Laos e China, os dois primeiros associando o capital internacional às empresas estatais e os três últimos introduzindo reformas econômicas de mercado, mas todos conservando os regimes políticos calcados no partido-Estado de inspiração leninista. Nesses países, internamente, o próprio mercado se tornou uma ameaça à manutenção do regime, enquanto externamente permitiu um instrumento de pressão sobre as grandes potências. Quem imaginaria que o FMI pediria à China que comprasse títulos da dívida de nações europeias endividadas? Ou a demanda ansiosa para que aumentasse o valor do yuan, visando socorrer a economia mundial?

Por que sucumbiram justamente os países mais industrializados do socialismo real? Esses países, nucleados em torno da URSS, por participarem mais ativamente da Guerra Fria, tiveram de fazer frente a demandas maiores do que a China, por exemplo. Não se pode perder de vista o fato de que o Campo Socialista geria uma base econômica de dimensão apenas regional, ao passo que o capitalismo se apoiava numa economia mundial – e, o que é mais importante, o sistema mundial funcionava dentro de uma lógica capitalista. Logo, a evolução do contexto mundial e a incapacidade interna de resposta a essa mudança foram mais decisivas do que a "estagnação" propriamente dita.

Além da ofensiva desencadeada pelo Ocidente durante a Segunda Guerra Fria, o capitalismo demonstrou uma grande capacidade de reciclagem econômica e tecnológica e elaborou novos e eficazes mecanismos de propaganda e legitimação social. Com a erosão dos valores socialistas, a elite técnico-burocrática comunista (sobretudo sua *Nomenklatura*) pôde assumir o poder e reimplantar a propriedade privada dos meios de produção em proveito próprio, tornando-se, assim, uma classe social dominante. A tendência que se afirmou foi a de o antigo campo soviético desempenhar um papel internacional semelhante ao do Terceiro Mundo, ao menos por certo período.

Segundo Frederic Jameson,

> O colapso da União Soviética não se deveu ao fracasso, mas ao sucesso do comunismo como uma estratégia de modernização. [...] [Ela] "tornou-se" ineficiente e entrou em colapso quando tentou integrar-se a um sistema mundial que estava passando da fase de modernização para a fase pós-moderna [que funcionava com] um nível incomparavelmente mais alto de "produtividade". Atraída por uma competição militar-tecnológica calculada, pela isca da dívida e por formas de competição comercial que se intensificavam cada vez mais, a sociedade soviética ingressou em um ambiente no qual não poderia sobreviver [pois], como lembra Wallerstein, o bloco soviético, a despeito de sua importância, não constituía um sistema alternativo ao capitalismo, mas apenas um antissistema, um espaço dentro dela[26].

A desintegração da União Soviética e a derrocada do regime socialista em seu território ocorreram de forma desconcertante, tomando de surpresa, inclusive, alguns serviços de inteligência ocidentais e analistas renomados. A segunda superpotência, detentora de imensos recursos socioeconômicos e político-militares, desapareceu de forma insólita, deixando um vazio de poder, de forma relativamente pacífica. Foi um caso inédito de "renúncia de poder" e desorganização por parte da elite soviética quando a geração jovem assumiu o lugar dos velhos. O desaparecimento da União Soviética encerrou o ciclo histórico da primeira geração de revoluções socialistas nucleadas pela Revolução Russa no século XX.

Nas esquerdas do mundo inteiro, como forma de consolo, forjou-se a narrativa que considerava o fato "o fim do stalinismo" e a abertura de novas oportunidades políticas. Mas o que ocorreu foi uma deserção generalizada, o abandono de princípios e estratégias básicas ou o entrincheiramento autista num discurso voltado ao passado. Até hoje a esquerda não fez uma análise e uma crítica realistas sobre esse processo e aderiu, oportunistamente, ao mundo pós-moderno. Com discursos moderados ou radicais, a esquerda se tornou impotente e politicamente patética. Hoje, seu maior objetivo é mostrar que é capaz de gerir o capitalismo de forma mais competente que os liberais.

---

[26] JAMESON, Frederic, "Cinco teses sobre o marxismo atualmente existente", in WOOD, Ellen; FOSTER, John (Orgs.). **Em defesa da História**. Marxismo e pós-modernismo. Rio de Janeiro: Jorge Zahar, 1999, p. 192-3.

No plano global, a esquerda perdeu o foco e a identidade, enquanto suas bases sociais desapareciam. O emprego de tecnologia e de mão de obra estrangeira e temporária, a terceirização, o trabalho autônomo e outras estratégias de flexibilização debilitaram as bases sindicais. A esquerda simplesmente não conseguiu criar políticas para os novos segmentos sociais. Em vez disso, defende formas limitadas de resistência (e adaptação) ao capitalismo neoliberal, gerando nichos pré-modernos ou políticas públicas compensatórias com o dinheiro do Estado. Não tem projetos para disputar a hegemonia com a economia de mercado.

O FIM DA URSS, O SISTEMA INTERNACIONAL E O OCIDENTE CAPITALISTA

O encerramento da Guerra Fria marcou o fim de uma época, na medida em que era tanto um conflito quanto um sistema. A falta de uma ameaça antagônica externa terminou com um elemento de coesão do sistema como um todo e, particularmente, da hegemonia americana. Segundo Fred Halliday,

> não são apenas os sistemas e os conflitos pós-1945 que parecem estar em questão. Os eventos de 1989 colocaram em questão não apenas Yalta e Potsdam, mas também o que fora estabelecido em uma conferência anterior, a de Versalhes. Mais do que qualquer coisa, a explosão na Europa nos leva de volta ao período da Primeira Guerra e, em alguns aspectos, a épocas anteriores[27].

A tese do "fim da História", formulada por Francis Fukuyama e implícita na Nova Ordem Mundial de George Bush (pai), que surgiu com a queda do Muro de Berlim, sinalizava o rumo a um mundo capitalista único e estável, caracterizado pela paz, pela democracia e pela prosperidade, com a globalização servindo de panaceia universal. Contudo, junto com a Guerra Fria encerrou-se a *Pax Americana*, abrindo-se um novo período de caos sistêmico e de transição, marcado pela luta por um novo paradigma e liderança internacionais. Nesse contexto, é importante notar que os Estados Unidos, apesar de proclamar o advento de "um novo século americano", são hoje um país em declínio relativo. A globalização gerou a regionalização, com a formação de blocos político-econômicos competidores: a Europa busca autonomia e a Chi-

[27] HALLIDAY, Fred. Repensando as relações internacionais. Porto Alegre: Ed. da Universidade/UFRGS, 1999, p. 274. (O trecho citado foi redigido em 1990.)

na (com a Ásia Oriental) apresenta um avanço notável enquanto, mesmo na periferia surgem (ou ressurgem), polos de poder como Índia, Brasil e Rússia. A tendência é, portanto, de surgimento de um sistema multipolar.

Aos Estados Unidos falta um rival equivalente e de mesmo peso, o que causa não somente desequilíbrios político-militares, mas também econômicos e societário-culturais. A Guerra Fria era parte de um mundo “moderno”, e Washington tem dificuldade em navegar nas águas violentas e imprevisíveis da pós-modernidade, pois o século do socialismo foi, igualmente, o século americano. Agora existe um tempo fluido, que torna a força (declinante) dos Estados Unidos um poder desfocado em relação à nova realidade e suas ameaças. Como Emmanuel Todd comentou às vésperas do início da Guerra do Iraque,

> Não haverá império americano. O mundo é demasiado vasto, diverso e dinâmico para aceitar a predominância de uma única potência. O exame das forças demográficas e culturais, industriais e monetárias, ideológicas e militares que transformam o planeta não confirmam a atual visão banal de uma América invulnerável. Um quadro realista [mostra] uma grande nação cuja potência foi incontestável, mas que o declínio relativo parece irreversível. Os Estados Unidos eram indispensáveis ao equilíbrio do mundo; eles não podem hoje manter seu nível de vida sem os subsídios do mundo. A América, pelo seu ativismo militar de teatro, dirigido contra Estados insignificantes, tenta mascarar seu refluxo. A luta contra o terrorismo, o Iraque e o "eixo do mal" não é mais do que pretexto. Porque ela não tem mais a força para controlar os atores que são a Europa e a Rússia, o Japão e a China, a América perderá esta última partida pelo domínio do mundo. Ela se tornará uma grande potência entre outras[28].

Assim, o fim da Guerra Fria dissolveu os elementos aglutinadores que eram a base da hegemonia americana e dos mecanismos de controle sobre os seus aliados, que hoje buscam seus próprios caminhos, no quadro de uma competição renovada e de ação de tendências centrífugas. Novas forças históricas estão operando e abrem espaço para a afirmação de novos protagonistas na política mundial. Mas eles ainda não têm condições de substituir os Estados Unidos, que, sem adversários à altura, seguem dando as cartas. Isso se deve mais à imaturidade dos demais do que à força desse país. Já a Rússia, que sucedeu a URSS, viveu momentos traumáticos de desintegração e retrocesso,

---

[28] TODD, Emmanuel. **Depois do Império.** Ensaio sobre o declínio americano. Rio de Janeiro: Record, 2003.

mas começou a se rearticular uma década após o fim do seu comunismo. Mas a União Soviética não ressurgirá do renascimento da Rússia, fazendo já parte da história de um século que se encerrou.

A Rússia pós-soviética foi governada por Yeltsin até o fim de 1999, quando renunciou em favor de Vladimir Putin (para evitar seu *impeachment*). Foi um período desastroso e traumático, pois o PIB caiu quase pela metade nos primeiros anos e, uma vez no poder, o "democrata" se revelou autoritário e errático, inclusive bombardeando a Duma (Parlamento) em 1993, para desalojar seus opositores. As máfias floresceram, tornando-se internacionalizadas, a criminalidade e os conflitos, como o da Chechênia, marcaram a decadência da nação. As privatizações produziram um grupo de bilionários em volta do presidente, dilapidando o patrimônio nacional, enquanto a maioria caía na pobreza absoluta. A população e a expectativa de vida declinaram, enquanto o desemprego crescia. O Estado, chefiado por um líder sempre alcoolizado, viveu um caos administrativo, não conseguindo sequer cobrar tributos das províncias e correndo o risco de desintegração.

No plano internacional, a Rússia herdou a posição da URSS na ONU e praticou uma improdutiva diplomacia pró-Ocidental, divorciada da realidade e do interesse nacional. Com Putin, houve certa recuperação social, política, econômica e internacional, disciplinando os oligarcas e combatendo a criminalidade e o caos administrativo. Isso foi possível a partir do momento que ele retomou certas políticas sociais e símbolos da época da URSS para as classes populares e rearticulou as Forças Armadas. Por outro lado, também restaurou a cultura política russa, de tendência centralizadora e autoritária, para desespero da classe média liberal. Mas a população o apoia e o país voltou a se associar com várias ex-repúblicas soviéticas, o que lhe valeu a rivalidade ocidental e conflitos com a Geórgia e a Ucrânia. Apesar dessa recuperação, a Rússia segue qualitativamente mais débil que a URSS, e seu capitalismo de apadrinhados não deseja nem pode recriá-la.

Um problema geopolítico gerado pelo desaparecimento da URSS foi o surgimento de uma área de instabilidade na zona de fratura entre o ex-bloco soviético e o mundo capitalista, especialmente nos Bálcãs, no Oriente Médio e na Ásia Central – os mais graves conflitos e tensões do último quarto de século ocorreram nessas regiões. Como reação, a Rússia e a China passaram a cooperar, ainda mais quando o Ocidente começou a pressioná-las, e a elas se uniram várias nações asiáticas na Organização de Cooperação de Xangai.

Além dessa nova geopolítica eurasiana, os dois gigantes comunistas do século XX deram vida ao BRICS (grupo formado por Brasil, Rússia, Índia, China e África do Sul), que tanta apreensão provoca no Ocidente. Afinal, a China se tornou a segunda economia do mundo, e a Rússia é uma potência energética e, graças ao legado soviético, tem capacidade militar de dissuasão, indústria aeroespacial de ponta e tecnologia militar avançada.

Já o desafio socialista se confunde com a própria história do século XX, que Hobsbawm considerou a "era dos extremos". Alguns chegaram a equiparar Hitler a Stálin, procurando provar que o socialismo não foi mais do que uma aberração passageira ou um hiato histórico. No entanto, deve-se lembrar que o nazismo foi um regime também capitalista e uma ideologia voltada ao passado e à desigualdade (considerando a violência como um fim). O socialismo, por outro lado, rumava em direção ao futuro e à igualdade (em que a violência é um meio), sendo, portanto, tributário da cultura do renascimento, do iluminismo e do cientificismo. A violência que marcou o século passado resultou das intensas lutas sociais que o caracterizaram. Foi violento porque determinados povos e grupos sociais, anteriormente impotentes, passaram a lutar por uma melhor posição.

Ao longo do século XX, a ordem anglo-saxônica, liderada inicialmente pela Grã-Bretanha e, depois, pelos Estados Unidos, foi desafiada externamente pelo socialismo, que se configurou como regime de Estado em muitos países, sendo a União Soviética o mais importante deles. Nas três primeiras décadas que se seguiram à Revolução Russa, a URSS protagonizou com o Ocidente capitalista uma pré-Guerra Fria, na qual se alternaram hostilidade, isolamento (às vezes imposto, às vezes desejado) e alianças táticas (como o antifascismo).

Depois se seguiram quatro décadas de antagonismo regulado pelo terror nuclear e pela corrida armamentista. Alternando fases de pressão, competição diplomático-militar e confrontação indireta com períodos de coexistência pacífica, moldou-se uma Guerra Fria que constituía tanto um conflito sistêmico quanto um modo de regulação internacional. Essa fase chegou ao fim com a distensão promovida por Gorbachev em 1987, quando a União Soviética passou a convergir com os Estados Unidos na grande diplomacia mundial. Dessa forma, em 1989 caíram os regimes socialistas do Leste Europeu e, em 1991, desapareceu a própria URSS, pois foram expostos, indefesos, a uma lógica contrária à sua estrutura.

Mesmo com suas limitações, o socialismo e a União Soviética representavam uma ameaça para o mundo capitalista liderado pelos Estados Unidos. A Revolução Soviética constituiu a primeira ruptura bem-sucedida ao sistema vigente e sua durabilidade, eficácia econômico-militar e poder de atração tiveram um forte impacto mundial. Foi o primeiro regime pós-capitalista da história. Mito ou realidade, o socialismo orientado desde Moscou perturbou a vida das sociedades e governos ocidentais, seja como movimento político, ideologia crítica ou ameaça diplomático-militar. Era um desafio que precisava ser denegrido e superado constantemente, tendo representado uma espécie de eixo aglutinador da vida política ocidental e da própria história mundial. A maioria dos atores políticos ainda não conseguiu estruturar um novo discurso após o desaparecimento do comunismo como ameaça.

Ao lado dos problemas estratégicos internacionais provocados pelo fim da URSS e de seu regime socialista, há aspectos societários que devem ser levados em consideração. O fim da concorrência entre dois modos de vida liberou as nações capitalistas desenvolvidas do ônus político de certas ações de bem-estar social. O pacto social das sociedades ocidentais avançadas deixou de existir, afetando não só os direitos sociais, mas a estrutura do emprego, que foi precarizada. Sem uma oposição, o capitalismo pôde retomar algumas de suas características originais, com menos intervenção do Estado, mais individualismo e mais concorrência, num quadro em que as empresas ganham ampla liberdade de ação. O "capitalismo organizado", de matriz keynesiana, deu lugar ao mercado cada vez mais desregulamentado, no contexto de uma globalização neoliberal, acelerada dramaticamente pela Revolução Tecnológica.

O avanço produtivo gerado é inegável, mas essa produtividade aumentou dramaticamente a concorrência entre nações, empresas e pessoas, gerando instabilidade social e aumentando a violência. Esse contexto tem provocado crises de governabilidade, com novas formas de "populismo" de direita e de esquerda, xenofobia, conflitos, fanatismo religioso e uma verdadeira explosão do terrorismo. Tudo isso sem um eficaz mecanismo de regulação internacional (como na época da bipolaridade) ou um novo modelo de desenvolvimento socioeconômico minimamente consensual. O mundo pós-Guerra Fria é estruturalmente instável nos planos político, econômico, social e diplomático-militar, com a crise dos partidos e das grandes ideologias aglutinadoras.

CONCLUSÃO

Venturas e desventuras da Revolução

O século XX teve na Revolução Soviética o seu eixo aglutinador e a ela foram subordinadas todas as demais grandes contradições. Como ela foi tanto *russa quanto socialista*, o fim da URSS, que as associava, teve efeitos nacionais e político-ideológicos. A Rússia, de que a União Soviética era herdeira, foi desintegrada e retrocedeu séculos em termos geopolíticos. Já o fim do regime soviético, representou uma derrota do socialismo no mundo, que hoje sobrevive em outros países de forma adaptada ao capitalismo.

Em que consistiu o socialismo soviético (comunismo), que geralmente é enfocado, especialmente, em suas características políticas autoritárias e deficiências econômicas? A questão é, quase sempre, abordada pelo prisma ideológico, mas há distanciamento histórico para uma abordagem mais objetiva. Afinal, já é história, e alguns russos tomam como algo a ser esquecido, enquanto outros são nostálgicos.

A vida sob o socialismo é tida como um inferno por alguns e como um paraíso por outros. Mas ela era apenas *diferente*, e a realidade se situava no meio do caminho. Os serviços públicos foram universalizados, com o Estado e suas ramificações se encarregando das necessidades básicas da população, embora sem muito luxo. As mulheres foram emancipadas e eram mais numerosas (em função das diversas guerras), e exerceram destacado papel na construção do socialismo. Houve grande desenvolvimento da educação, ciência, tecnologia, saúde, cultura, transportes públicos, habitação, emprego universalizado, lazer e esportes.

Se as viagens ao Ocidente eram muito restritas, o país era imenso e o Leste Europeu passou a ser acessível a partir da década de 1960, com o desenvolvimento do turismo. Nem tudo significava repressão a intelectuais de vanguarda ou dissidentes políticos. A vida era bucólica e sem sobressaltos para o cidadão comum, desde que não assumisse uma atitude de contestação aberta ao regime. Os anos penosos de industrialização, guerras e reconstrução também foram difíceis no Ocidente: nos Estados Unidos *todos* os descendentes de japoneses foram levados a campos de concentração por Roosevelt e tiveram suas propriedades e bens confiscados, sem qualquer julgamento ou investigação. Somente o presidente Bill Clinton, na década de 1990, reconheceu a injustiça.

A vida coletiva estava acima da individual, mas é importante lembrar que isso não decorria apenas do socialismo, mas da herança histórica de uma sociedade com séculos de centralização e autoritarismo, onde nunca houvera qualquer liberdade pessoal. Ou seja, a participação política, embora limitada, cresceu sob o socialismo. O consumo básico e os serviços públicos eram universais e garantidos, pois deles dependia a legitimidade do regime e o acesso a bens mais complexos aumentou com o tempo. Mas o padrão comparativo não deve ser o da nossa classe média, mas da vida no campo que essas pessoas tiveram na infância. Porém, como em toda parte, quanto mais obtinham, mais desejavam. As Igrejas, por sua vez, perderam todo poder político e patrimônio, mas a religião era permitida como ato de espiritualidade, embora fosse malvista pelo sistema.

O controle sobre a população não se dava apenas pela repressão da polícia comum e secreta ou dos campos de trabalho. Na verdade, um autor denominou o sistema de "ditadura participativa", pois a maioria das pessoas estava enquadrada em alguma organização social – escolas, locais de trabalho ou residências. As crianças participavam dos grupos de pioneiros (semelhantes aos escoteiros), os jovens do Komsomol (Juventude Comunista), as mulheres da Federação de Mulheres, os trabalhadores dos Sindicatos, os intelectuais da Federação de Escritores e Artistas e os mais destacados eram admitidos no partido. Havia ainda comitês de moradores, que tratavam de problemas logísticos e de controle, e o partido chegava às bases da sociedade. O esporte tinha grande participação, daí se recrutarem numa base ampla os melhores atletas, que se tornavam campeões em medalhas. Não era profissão, mas uma forma de sociabilidade e, no plano internacional, uma ação política.

O dia a dia tinha parques, cinemas, teatros, museus, círculos de leitura, de jogos e outras atividades, das quais participava a maioria da população. O cinza estava mais nos olhos de quem via do que no cotidiano, ao menos até conhecerem outras formas de vida. Os mais desconfortáveis vinham, paradoxalmente, da elite intelectual ou eram pessoas de projeção, que tinham um limite ao seu autodesenvolvimento (ou ascensão social), pois a sociedade era moldada para atender, predominantemente, às necessidades dos trabalhadores e da baixa classe média. Ou eram pessoas que descendiam da elite pré-revolucionária.

Hoje, no Leste Europeu há um alívio pelo fim do comunismo, mas não é o caso da Rússia, pois havia o sentimento de se ter construído uma potência respeitada (ou temida), que liderara a corrida espacial e os esportes, e que agora não mais existe, pois o Ocidente ainda a rejeita. Atualmente há uma liberdade (ou desorganização) que implica competição, para a qual não estavam preparados, o que explica a nostalgia em relação a uma vida real ou imaginada.

No plano teórico, a Revolução Soviética contrariou certa leitura linear de O *Capital*, de Karl Marx, segundo a qual a revolução deveria ocorrer nas nações de capitalismo avançado. A obra (que muitos possuem mas poucos leram) analisara a realidade do desenvolvimento do capitalismo, elaborando a teoria e uma espécie de "tipo ideal" weberiano do modo de produção capitalista. A Revolução ocorreu em uma formação socioeconômica híbrida, o império czarista, em que existiam elementos capitalistas em um meio ainda marcado por resquícios feudais. Mas esse conjunto já se encontrava integrado à dinâmica do capitalismo mundial, cuja globalidade gerava condições para o desenvolvimento de revoluções em todas as suas regiões, dependendo da conjuntura específica. A exportação das contradições mais conflitivas do capitalismo para a periferia do sistema na fase imperialista criava condições ainda mais favoráveis para a eclosão de uma Revolução (VISENTINI e RIBEIRO: 1989 e 2013).

A Revolução Soviética representou também um processo de desenvolvimento autônomo. Apesar das críticas ao modelo, ele constituiu um êxito econômico, sobretudo se considerarmos que, devido aos períodos de guerra e reconstrução, o país só teve paz entre 1927 e 1941 e após 1950, e, mesmo assim, forçado a participar de uma dispendiosa corrida armamentista e sofrendo as consequências econômicas de um substancial isolamento diplomático. A modernização soviética mostrou que são viáveis a industrialização e o desenvolvimento da ciência em um grande país relativamente fechado, apesar de seus custos e distorções, sobretudo porque isso pode ocorrer sem o endividamento externo e a pilhagem dos recursos de outras nações, como as colônias e os países periféricos no capitalismo. Essa industrialização, que não seguiu os parâmetros liberais, permitiu à URSS tornar-se uma superpotência e manter uma competição político-militar de caráter estratégico com os EUA e seus aliados, simultaneamente com a elevação do padrão de vida das populações locais.

Mais importante ainda, a planificação socialista provou que é possível queimar etapas no desenvolvimento, sem passar necessariamente pelo modelo capitalista. Isso decorre do fato de que existe um nível de desenvolvimento global já assegurado. Mas é necessário um planejamento e um órgão controlador para isso, o que reforça o fenômeno burocrático. O planejamento se mostrou eficaz como modelo de alocação de recursos escassos durante o *take off* da economia, e só perdeu dinamismo quando o desenvolvimento criou uma estrutura de produção e consumo muito complexas, nas décadas de 1960 e 1970. Este instrumento estimulou as sociedades subdesenvolvidas e dependentes na busca por meios para sua emancipação econômica. Por outro lado, a base da sociedade moderna, sua estrutura e seus conflitos são de caráter universal, tendendo, portanto, a soluções internacionais. A questão da adoção do fordismo pela economia soviética faz parte deste fenômeno.

Dentre os fatores que bloquearam a afirmação plena de estruturas democráticas conforme concebidas pelo próprio movimento socialista, além das próprias tendências inerentes aos Partidos Comunistas, pode-se identificar o atraso de tais sociedades e sua tradição autoritária, bem como a existência de uma tensão externa permanente, que transformou esses regimes em uma espécie de fortaleza sitiada. Como comentou Isaac Deutscher, as fortalezas sitiadas não são exatamente o melhor caldo de cultura para o florescimento da liberdade, justamente o oposto. Por outro lado, a permanente competição militar com o Ocidente capitalista criou distorções setoriais e bloqueios na construção da economia.

Embora a ausência de democracia seja um dos traços mais visíveis dos regimes socialistas, os objetivos sociais da democracia foram realizados pela Revolução Soviética e representaram um desafio ao Ocidente capitalista. Aos elevados índices obtidos no campo da saúde, da educação, da alimentação, da habitação, do lazer e da longevidade da população, pode-se acrescentar um desenvolvimento econômico menos desarmônico e uma divisão mais equitativa dos custos destes. O progresso tecnológico não impediu a existência do pleno emprego, embora isso tenha gerado baixa produtividade individual, falta de criatividade e desperdício de recursos (menor do que numa sociedade de consumo). Por outro lado, os países capitalistas, especialmente os desenvolvidos, tiveram de responder ao desafio social da Revolução Soviética implementando uma ampla reforma no Ocidente, a qual era demandada pelo movimento trabalhista. A aplicação da teoria keynesiana e a ampliação dos direitos políticos e sociais, como a educação, foram, em boa medida, resultantes do impacto da Revolução Soviética.

No plano ideológico-cultural, ela derrotou a supremacia cultural e racial eurocêntricas, favorecendo o desenvolvimento da cultura e a preservação dos valores humanos superiores. Ao criar condições para a emergência cultural dos povos dominados, proporcionou instrumentos para a crítica concreta ao colonialismo e ao imperialismo. Também fortaleceu ideologias de progresso social, dando-lhes um fundamento material.

A Revolução Soviética foi, igualmente, tanto resultado de uma transformação em escala nacional quanto elo de um processo internacional. A adoção de uma política exterior predominantemente diplomática pela URSS, em vez da revolução mundial (derrotada no início da década de 1920), foi uma decorrência da descontinuidade do movimento revolucionário em escala mundial. A URSS, sobretudo durante o Socialismo em um Só País, apresentou um comportamento acentuadamente tático e reativo nas relações internacionais, apesar da linha de continuidade estratégica que caracterizou a visão da diplomacia soviética de longo prazo. Na medida em que o sistema internacional continua sendo capitalista, só podia absorver um limitado número de revoluções em cada conjuntura, sem que ocorresse uma ruptura e uma reação generalizada, como aconteceu durante a agitação social geral da Grande Depressão, que levou ao desencadeamento da Segunda Guerra Mundial e à avalanche de revoluções no Terceiro Mundo ao longo da década de 1970, ocasionando a Nova Guerra Fria.

Isso, mais as invasões e o cerco sofrido pela URSS no século XX, levou-a a uma exagerada prudência, permitindo o sacrifício de outras revoluções quando necessário para sua própria segurança. Coexistia em sua concepção diplomática a tensão entre uma obsessão de defesa e um fatalismo triunfalista, o qual encarava a política internacional apenas como parte de um longo processo de transição em escala mundial. Por outro lado, a longa coexistência com o capitalismo e a tensão que lhe era inerente, reforçaram distorções internas da sociedade soviética.

Mas, com o fim da Segunda Guerra Mundial, e em função das suas consequências, a URSS tinha de ser integrada à comunidade internacional, não como Revolução, mas como Estado nacional. Contudo, as duas dimensões eram, em certa medida, inseparáveis. Assim, a "pátria do socialismo" tornou-se a "outra superpotência". Com a iniciativa estratégica e o comando de um sistema mundial capitalista, os EUA lograram manter a URSS numa posição defensiva e reativa. Em várias etapas, a União Soviética esteve permanentemente cercada, ameaçada e invadida, sendo obrigada a enfrentar três guerras de aniquilamento. Mas, no plano geopolítico, derrotou as tentativas de restaurar o poder absoluto do capitalismo com o fascismo e contribuiu decisivamente para a alteração do sistema de relações internacionais, mudando as regras diplomáticas.

Temendo sempre por sua segurança, Moscou procurou administrar diplomaticamente sua natureza antagônica, freando os processos de ruptura revolucionária quando sua posição era respeitada e estimulando-os quando se sentia ameaçada. Mas a unidade do movimento comunista sofreu uma erosão progressiva, e o mundo bipolar foi se tornando um sistema que tendia à multipolaridade. A descolonização mundializou o sistema westfaliano[29] de Estados-nação, e o nacionalismo transformou-se em uma nova força internacional, que não pôde ser disciplinada nem pela Casa Branca nem pelo Kremlin. Mas a Guerra Fria permaneceu uma realidade dominante no cenário mundial.

No fim do século XX, com a transformação do paradigma fordista, que embasou tanto a hegemonia norte-americana quanto a formação econômica soviética, a URSS ficou para trás. O capitalismo iniciou a transição a uma nova economia, com a revolução tecnológica e a globalização, o que fez com que os EUA, embora em declínio relativo, continuassem a liderar um sistema que se renovava, enquanto a URSS foi incapaz de se reformar. A abertura de Gorbachev ao capitalismo mundial deixou a formação social soviética totalmente vulnerável a uma dinâmica que, para ela, era incontrolável, pois o socialismo real foi um antissistema, porém não logrou estabelecer um sistema alternativo ao capitalismo.

As desastradas reformas de Gorbachev empoderaram os elementos ligados à economia paralela, bem como os membros do partido que sempre defen-

[29] A Paz de Westfália (1648) encerrou a Guerra dos Trinta Anos entre países católicos e protestantes, instituindo que cabia ao Príncipe (governante) a soberania, ou seja, não aceitava um poder acima dos Estados (como as Dinastias ou o Papado). Deu origem ao moderno sistema internacional de Estados Nacionais soberanos, ou Sistema Westfaliano.

deram um papel destacado ao mercado representado por ela. Finalmente, a perspectiva oportunista e suicida do líder soviético de implodir o partido e de montar uma base de poder no Estado foram os catalisadores da paralisia e da desintegração do sistema como um todo. Daí a velocidade e a forma insólita como entrou em colapso, e o clima de desmoralização que se seguiu.

Ainda hoje, um século depois da Revolução Bolchevique e 25 anos depois da dissolução da URSS e do fim do socialismo soviético, carecemos de conhecimento básico e de análises históricas mais objetivas. O silêncio e a manipulação prejudicam a compreensão da história mundial e do estabelecimento de uma identidade dentro da nova Rússia. Não se pode simplesmente apagar um longo período histórico nem deixar de buscar sua compreensão. E o fato de haver sido derrotada, não diminui seu enorme impacto histórico e político mundial, que já foi julgado por muitos e é compreendido por poucos, em todos os seus paradoxos.

BIBLIOGRAFIA INDICADA

BETTANIN, Fabio. A coletivização da terra na URSS. Stalin e a "Revolução do Alto" (1929-1933). Rio de Janeiro: Civilização Brasileira, 1981.

BLANC, André. L'Europe socialiste. Paris: PUF, 1974.

BOFFA, Giuseppe. Depois de Kruschev. Rio de Janeiro: Civilização Brasileira, 1967.

_____. Storia dell'Unione Sovietica. Milano: Arnoldo Mondadori, 1976. 2 v.

BROUÉ, Pierre. Os processos de Moscovo. Lisboa: Liv. Moraes, 1966.

BROWN, Archie (Ed.). The Demise of Marxism-Leninism in Russia. London: Palgrave/McMillan, 2004.

CARR, Edward. A Revolução Russa de Lenin a Stalin (1917-1929). Rio de Janeiro: Zahar, 1981.

CASSEN, Robert (Ed.). Soviet Interests in the Third World. London: Royal Institute of International Relations, 1985.

CHAN, Stephen; WILLIAMS, Andrew. The Renegade States. The Evolution of Revolutionary Foreign Policy. Manchester: Manchester University Press, 1985.

CHANEY Jr, Otto. Zhukov. Rio de Janeiro: Renes, 1976.

CLARK, Katerina. Moscow, the Fourth Rome. Stalinism, Cosmopolitanism, and the Evolution of Soviet Culture (1931-1941). Cambridge: Massachusetts/ London: Harvard University Press, 2011.

CLAUDIN, Fernando. A oposição ao "socialismo real". Rio de Janeiro: Marco Zero, 1989.

COHEN, Francis. Os soviéticos. Lisboa: Estampa, 1977. 3 v.

COURTOIS, Stéphane et al. O livro negro do comunismo. Lisboa: Quetzal Editores, 1998.

D'ENCAUSSE, Helène Carrère. The End of Soviet Empire. Nova York: A New Republic Book, 1993.

DAVIES, R. W. Soviet Economic Development – From Lenin to Krushchev. Cambridge: Cambridge University Press, 1998.

DAVIS, Mike. "Imperialismo nuclear e dissuasão extensiva", in THOMPSON, Edward. Exterminismo e Guerra Fria. São Paulo: Brasiliense, 1985.

DELMAS, Claude. Le Pacte de Varsovie. Paris: Presses Universitaires de France, 1981.

DEUTSCHER, Isaac. A Revolução Inacabada. 50 anos de história soviética. Rio de Janeiro: Civilização Brasileira, 1967.

_____. Trotsky. Rio de Janeiro: Civilização Brasileira, 1969. 3 v.

_____. Stalin. A História de uma Tirania. Rio de Janeiro: Civilização Brasileira, 1970. 2 v.

_____. La década Jrushov. Madri: Alianza Editorial, 1971.

_____. Marxismo, guerras e revoluções. São Paulo: Ática, 1991.

_____. Rusia, China y Occidente. México: Era, 1972.

DOBB, Maurice et al. La economia de los paises socialistas. Barcelona: Salvat, 1973.

FAIRHALL, David. Russian Sea Power. Boston: Gambit, 1971.

FEJTÖ, François. História de las democracias populares. Barcelona: Martines de Roca, 1971. 2 v.

FERNANDES, Luis. URSS, ascensão e queda. A economia política das relações da União Soviética com o mundo capitalista. São Paulo: Anita Garibaldi, 1991.

FERRO, Marc. O Ocidente diante da Revolução Soviética. São Paulo: Brasiliense, 1984.

FURSENKO, Aleksander; NAFTALI, Thimoty. Krushchev's Cold War. Londres/Nova York: W. W. Norton, 2006.

GARRISON, Jim; SHIVPURI, Payne. The Russian Threat. Londres: Gateway Books, 1983.

GILBERT, Martin. Atlas of Russian History. Londres/Nova York: Routledge, 2007.

GLASER, Daryl; WALKER, David (Ed.). Twentieth-Century Marxism. Londres/Nova York: McMillan, 2007.

GORBACHEV, Mikhail. Perestroika. São Paulo: BestSeller, 1987.

HALLIDAY, Fred. Revolution and World Politics. The Rise and Fall of the Sixth Great Power. Durham: Duke University Press, 1999.

HAMMER, Armand. Um capitalista em Moscou. São Paulo: BestSeller, 1989.

HIGHAM, Robin; KAGAN, Frederic (Ed.). The Military History of the Soviet Union. Nova York: Palgrave McMillan, 2010.

HILL, Christopher. Lenin e a Revolução Russa. Rio de Janeiro: Zahar, 1977.

HILL, Ronald. Soviet Union: Politics, Economics, and Society. Londres/Nova York: Pinter Publishers, 1988.

HOBSBAWM, Eric. História do marxismo. Rio de Janeiro: Paz e Terra, 1983/1989. 12 v.

HUNT, E. K.; SHERMAN, H. J. Economia comparada: mundo socialista. Petrópolis: Vozes, 1977.

KALASHNIKOV, M. Rajadas da história. Rio de Janeiro: Jorge Zahar, 2005.

KEERAN, Roger; KENNY, Thomas. Socialism Betrayed. Behind the Collapse of the Soviet Union. Nova York: International Publishers, 2008.

KENAN, George F. A Rússia e o Ocidente. Rio de Janeiro: Forense, 1966.

LAWRENCE, John. A History of Russia. Nova York: Mentor, 1969.

LEBEDEV, N. La URSS en la política mundial. Moscou: Progreso, 1983.

LEMOIN, Françoise. Le Comecon. Paris: Presses Universitaires de France, 1982.

LENIN, V. Obras escogidas. Moscou: Progreso, 1979. 12 v.

LESAGE, Michel. Les Régimes politiques de l'URSS et de l'Europe de l'Est. Paris: PUF, 1971.

LÉVESQUE, Jacques. L'URSS et sa politique internationale de Lénine à Gorbachev. Paris: Armand Colin, 1987.

LEWIN, Moshe. O século soviético. Rio de Janeiro: Record, 2006.

_____. O fenômeno Gorbachov. Rio de Janeiro: Paz e Terra, 1988.

LEWIS, Paul. Central Europe since 1945. Harlow: Longmann, 1994.

LOSURDO, Domenico. Stalin, história crítica de uma lenda negra. Rio de Janeiro: Revan, 2010.

_____. O pecado original do século XX. São Paulo: Anita Garibaldi, 2016.

LUKÁCS. Lenine. Paris: Edi, 1971.

MARABINI, Jean. A história durante a Revolução de Outubro. São Paulo: Companhia das Letras, 1989.

MATTHEWS, Mervyn. Clases y sociedade en la Unión Soviética. Madri: Alianza Editorial, 1977.

McDERMOTT, Kevin. Stalin, Revolutionary in an Era of War. Houndmills: Palgrave/Macmillan, 2006.

McLELLAN, David. Marxism after Marx. Basingstoke/Nova York: Palgrave MacMillan, 2007.

MEDVEDEV, Jaurés. Andropov au pouvoir. Paris: Flammarion, 1983.

MEDVEDEV, Zhores; MEDVEDEV, Roy. Um Stalin desconhecido. Rio de Janeiro: Record, 2006.

_____. Gorbachev. Rio de Janeiro: José Olympio, 1987.

MILLS, C. Wright. Os marxistas. Rio de Janeiro: Zahar, 1968.

MIRSKY, Dimitri. Vida de Lenin. Barcelona: Apolo, 1936.

NETTL, J. P. Bilan de l'URSS. 1917-1967. Paris: Seuil, 1967.

NOVE, Alec. An Economic History of the USSR. Harmondsworth: Penguin, 1984.

PERLO, V.; PERLO, E. Estabilidade dinâmica. A economia soviética hoje. Moscou: Progreso, 1981.

POLIAKOV, I. et al. História da sociedade soviética. Moscovo: Progreso, 1979.

REED, John. Dez dias que abalaram o mundo. São Paulo: Global, 1979.

REIS FILHO, Daniel Aarão dos. As Revoluções Russas e o socialismo soviético. São Paulo: UNESP, 2003.

ROBERTS, Geoffrey. Stalin's Wars (1939-1953). New Haven/Londres: Yale University Press, 2006.

ROSENBERG, Arthur. História do bolchevismo. Belo Horizonte: Oficina de Livros, 1989.

SEGRILLO, Angelo. O declínio da URSS. Um estudo das causas. Rio de Janeiro: Record, 2000.

SOBOLEV, A. et al. A Internacional Comunista. Lisboa: Avante, 1976. 3 v.

SOLOVIEV, A. et al. Geografia da URSS. Moscovo: Progresso, 1983.

STALIN, J. O marxismo e o problema nacional e colonial. São Paulo: Ciências Humanas, 1979.

_____. Problemas econômicos do socialismo na URSS. São Paulo: Anita Garibaldi, 1985.

TATU, Michel. O poder político na URSS. Do declínio de Krushov à direção coletiva. Rio de Janeiro: Expressão e Cultura, 1970.

TODD, Emmanuel. A queda final. A decomposição da esfera soviética. Rio de Janeiro: Record, 1976.

TOMPSON, William. The Soviet Union under Brezhnev. Harlow: Pearson/Longman, 2003.

THOMPSON, Willie. The Communist Movement since 1945. Oxford: Blackwell, 1998.

TROTIGNON, Y. Le XXe Siècle en URSS. Paris: Bordas, 1976.

TROTSKY, Leon. A revolução traída. São Paulo: Global, 1980.

_____. História da Revolução Russa. Rio de Janeiro: Paz e Terra, 1977. 3 v.

VISENTINI, Paulo (Org.). A Revolução Soviética. O Socialismo em um Só País (1905-45). Porto Alegre: Mercado Aberto, 1989.

_____; PEREIRA, A.D,; MARTINS, J.M.; TEIXEIRA, Nome; GRÖHMANN, L.G.. Revoluções e regimes marxistas. Porto Alegre: Leitura XXI/Nerint, 2013.

WEBB, Sidney; WEBB, Beatrice. URSS, uma nova civilização. Rio de Janeiro: Calvino, 1945. 2 v.

WELTER, Gustave. Historia de la Rusia Comunista (1917-1935). Madrid/Barcelona: Joaquim Gil Editora, 1936.

WERTH, Alexander. A Rússia na guerra. Rio de Janeiro: Civilização Brasileira, 1966. 2 v.

WESTAD, Odd Arne (Ed.). Brothers in Arms. The Rise and Fall of Sino-Soviet Alliance 1945-1963. Stanford: Stanford University Press, 1998.

_____. The Global Cold War. Cambridge: Cambridge University Press, 2007.

WILSON, Edmund. Rumo à Estação Finlândia. São Paulo: Companhia das Letras, 1987.

ÍNDICE